ÉDOUARD GUILLAUMET

Tableaux Soudanais

PARIS

ERNEST FLAMMARION, ÉDITEUR

26, RUE RACINE, PRÈS L'ODÉON

TABLEAUX SOUDANAIS

ÉMILE COLIN — IMPRIMERIE DE LAGNY

EDOUARD GUILLAUMET

Tableaux Soudanais

PARIS
ERNEST FLAMMARION, ÉDITEUR
26, RUE RACINE, PRÈS L'ODÉON

BOURGUIGNON

I

BOURGUIGNON

Au maître Jules Lefebvre.

Bourguignon! C'est ainsi que l'a surnommé un jour la blague gouailleuse et insouciante d'un parisien perdu dans la brousse. Et, l'aube venue, alors que les colibris frissonnent de l'aile dans la première sensation du réveil, c'est de ce nom que le saluent mes noirs, l'œil fixé sur l'orbe monstrueux et sanglant qui émerge brusquement de cette mer de sable, au seuil de l'immensité.

Depuis deux heures, le long du sentier tortueux qui sillonne la brousse, je chemine, bercé par le pas cadencé du petit cheval qui me porte, et le jour venant, je fais halte pour permettre à ceux de mes porteurs qui ont des devoirs à rendre à Allah de faire leur « Salam. »

La pipe aux dents, assis sur une de mes cantines, je contemple ce spectacle éternellement et uniformément grandiose du lever du soleil dans un ciel toujours bleu.

Ainsi qu'un général qui, après une longue étape, va enfin prendre contact avec l'adversaire, je contemple le disque rouge qui monte là-bas, calme et doux, comme s'il voulait encore, derrière ce regard frais du matin, dissimuler sa meurtrière puissance. Celui-là, c'est l'ennemi ; c'est celui contre lequel il va falloir, douze heures durant, lutter, et non face à face, loyalement, mais par une guerre de ruse continue, s'abritant derrière les buissons et les chaumes et se dissimulant tout entier à son universel regard.

Au-dessus de l'horizon le voici maintenant qui s'élève, semant des diamants multicolores au bout de chaque brin d'herbe humide, et déployant, comme un large éventail de clartés, l'épanouissement de sa splendeur astrale. Déjà le regard des être animés se courbe sous la violence de son éclat, et la nature, rentrant en elle-même, éteint peu à peu les bruissements de son réveil. Les perdrix, les pintades s'égaillent dans la brousse, blotties sous les touffes d'herbe ; les gazelles, les antilopes, au retour du marigot, s'en vont à pas comptés s'abriter dans les futaies, et les miaulements des panthères ou des chats-tigres s'apaisent au loin dans le fourré impénétrable.

Les porteurs reprennent leur fardeau, bien d'aplomb sur la tête, et la marche se poursuit à travers l'immense plaine qu'il faut maintenant traverser.

Sous les sabots doux de ma monture (1) le sable s'écrase sans bruit et du sol s'élève le parfum mouillé de la brousse odorante, dont la sève, reposée par la nuit, va reprendre son éternel enfantement aux baisers violents de celui qui l'épuise et la laissera bientôt, desséchée et stérile, jusqu'à l'époque des pluies nouvelles.

Flamboyant maintenant, l'orbe brûle tout. Les cigales elles-mêmes se sont tues, et la cha-

(1) On ne ferre pas les chevaux au Soudan.

leur, s'accentuant de minute en minute, pèse lourdement sur mon front.

Le convoi avance lentement; de longues rigoles d'eau zèbrent la poitrine et le dos robustes et luisants de mes porteurs, et la halte se poursuit, sans un souffle d'air, sans un bruit, dans la monotonie de cette chaude journée de février.

Après une halte sous un tamarinier à peine ombreux, nous approchons enfin de la halte, et le panache des rôniers, là-bas, nous annonce enfin le village où nous camperons.

Les noirs hâtent l'allure et peu à peu les cases du village apparaissent, termitières humaines, entourées de leur tata en pisé. Au-dessus des palmes immobiles des rôniers planent d'un vol large et quêteur les charognards (*vautours*) en chasse, et de légers flocons de fumée, çà et là, s'élèvent du toit de paille des cases, droit vers le bleu du ciel. Maintenant on perçoit le bruit sourd du pilon dans le mortier de bois où les femmes broient le mil du cousscouss.

Mon arrivée est signalée, et voici les gamins qui viennent aux portes, craintifs, épier l'arrivée du toubab (*blanc*). Nue sous le soleil, leur peau a les ardeurs du bronze, et leur ventre proéminent, d'où émerge un nombril exagéré, leur grosse tête les font ressembler à quelque fétiche primitif. L'œil pourtant est vif et la physionomie intelligente. Dès qu'ils se sont assurés que je suis seul et qu'il n'y a avec moi ni tirailleurs, ni convoi, ils se répandent dans les ruelles du village en poussant des cris gutturaux et des éclats de rire.

Le chef du village, drapé dans un boubou de cotonnade crasseux et troué, vient à moi d'un air digne, et, après m'avoir effleuré la main en signe d'amitié et souhaité la bienvenue, il me conduit à la case des hôtes au milieu du village.

Déjà des captives nettoient le sol et apportent du puits de grandes canaries pleines d'eau. A peine descendu de cheval, je m'inonde des pieds à la tête, tandis que mes noirs installent le lit de camp où pendant une heure je vais goûter la douceur de l'ombre.

Le soleil maintenant est au zénith : ses rayons dardent perpendiculairement sur le sol et malheur à l'imprudent qui s'aventurerait, fût-ce quatre ou cinq secondes, la tête nue hors de la case. Les noirs eux-mêmes l'évitent et c'est l'heure de l'anéantissement complet des hommes et des choses. Rien ne bouge ; pas un bruit autour de moi, et midi passe superbement dans le ciel tout blanc de chaleur, imposant son asservissement à la région des tropiques.

Fatigué par la longue étape du matin, après le frugal repas de la brousse, je m'étends sur mon lit de camp, le sommeil invincible ferme mes yeux, et les heures de la sieste s'écoulent dans le silence et l'immobilité.

Lorsque je m'éveille, Bourguignon incline vers l'Occident. Il est quatre heures et son règne d'un jour touche à son déclin.

Déjà les êtres animés revivent et le village reprend son animation. Les gamins viennent curieusement me regarder préparer mes cartouches pour aller faire un tour de chasse, et quelques-uns sollicitent mon interprète pour que je les emmène avec moi.

Guêtré haut, à cause des serpents, je sors du village et me mets en route à travers les hautes herbes, à la recherche d'une perdrix ou d'un lièvre pour le souper de ce soir.

Le soleil descend majestueusement, diminuant de minute en minute l'intensité de son regard, et une brise légère, bien qu'encore brûlante, incline autour de moi les touffes de tamarins, sur lesquelles se balancent, en chantant, les cardinals pourpres au collet noir et les colibris aux reflets d'émeraude et de rubis. Le soleil se jouant sur leurs plumages bariolés fait se succéder des gammes étincelantes de tons, et c'est comme un repos de sentir inoffensif maintenant le flambeau meurtrier.

Progressivement son éclat décroît et le voici au-dessus de l'horizon pâlissant dans un dernier feu d'artifices de rayons. Son disque s'élargit, se colore et reprend sa forme primitive, orbe sanglant et doux, sans chaleur et sans clarté.

Un de mes porteurs vient prendre mon casque et me donner le béret léger qui rafraîchit mon front encore brûlant, et, après avoir tué quelques perdrix, nous regagnons les cases pour n'être point surpris par la nuit.

L'astre touche presque la lointaine ligne de sable qui borne nos regards; brusquement, en cinq ou six secondes, il a disparu dans le couchant. L'ombre alors couvre toute la terre et un grand frisson émeut toutes choses. C'est la vie qui reprend. Autour des calebasses de cousscouss, les noirs s'asseoient en bavardant, et bientôt les tams-tams vont m'assourdir de leur monotone mélopée.

Mon repas terminé, j'allume une pipe devant ma case, les yeux au ciel, dans l'évocation de la patrie lointaine et de tout ce que j'y ai laissé, tandis que là-haut, une à une, s'allument, étrangement brillantes dans l'air pur et frais, les constellations amies, veilleuses discrètes et silencieuses, qui endorment la fatigue et le souvenir des mauvaises heures dans la transparence magique des splendides et immuables nuits du désert.

LE CAURI

II

LE CAURI

A Louis Henrique.

Du Sénégal au Niger, vers le Nord, à travers la brousse immense et rabougrie du désert, sans cesse à la recherche des marigots et des sources qu'elles épuisent à leur passage, errent éternellement les tribus nomades.

Trarzas, Braknas, Douaïchs, Oulad-Embareck, Bérasbichs et autres, à quelque tribu qu'ils appartiennent, les Maures, populations blanches dominatrices de la race noire, transportent au hasard de leur instinct les tentes de peaux de chèvres, suivis en longues files de leurs troupeaux, l'œil en quête d'un pâturage ou d'un puits.

De juillet à décembre, lorsque les trombes d'eau de l'hivernage inondent l'immensité, ils s'éloignent dans la sécheresse du Sahara, et jusqu'à l'Adrar, pour revenir, le reste de l'année, abreuver aux fleuves presque taris la soif sans fin des hommes et des bêtes.

Presque toujours en guerre les uns contre les autres, les tribus ont cependant des trêves de paix. Respectueuses des préceptes du Coran, elles suspendent, pendant la durée des cérémonies du culte de l'Islam, les hostilités et les haines et c'est ainsi qu'il m'est donné, pacifiquement, d'assister à une des plus grandes fêtes du rite musulman.

Tout le jour j'ai couru à travers la brousse à la recherche du camp royal d'Ahmedou, roi des Braknas. Précédé de son premier ministre, Cheikh-Fall, celui-là même qui écrivait à M. de Freycinet, alors ministre de la guerre, — *Mon cher Collègue*, — je perdais patience à force de fatigue et de soif, lorsque nous découvrîmes enfin, au milieu des arbres épineux, les tentes basses du campement.

Epuisé, j'ai à peine le temps de prendre quelques instants de repos, qu'Ahmedou vient à ma rencontre, et m'invite à prendre place sous une tente qui a été réservée à mon intention, à l'abri des importuns ou des enfants curieux.

Une femme, au visage imposant, les traits à peine altérés par l'âge, avec de grands yeux doux et maternels, vient s'incliner devant moi, tandis que des esclaves déposent à mes pieds une calebasse de lait aigre, et une autre pleine d'eau sucrée, ce qui est chez les Maures le premier hommage rendu à l'hôte d'Allah.

C'est Garmi, la mère du roi, qui vient par sa présence m'assurer que je suis chez des amis, et que tant qu'il me plaira d'y séjourner, il ne me manquera rien de tout ce qui est nécessaire à la vie des hommes du désert.

Puis c'est un mouton blanc qu'un captif remet aux mains de mes gens, et, les cérémonies de bon accueil terminées, mes hôtes regagnent leurs tentes éparses au milieu des ronces impénétrables, pour reprendre en silence, tandis que je vais sommeiller, leurs occupations journalières.

C'est aujourd'hui le Cauri, le dernier jour du Rhamadan, la fin de ce long jeûne d'un mois que Mahomet, qu'on appelle au Soudan Mahmadou, impose à ses disciples durant la lune d'avril. Du lever au coucher du soleil le musulman ne doit rien absorber, ni nourriture, ni boisson. La cigarette, et même les plaisirs de la chair, lui sont interdits. Il est vrai que, la nuit, il prend largement sa revanche de toutes ces continences. Donc ce soir, à la tombée du jour, toutes orgies lui seront permises, et tandis que je m'endors sous l'écrasante chaleur, je me berce de l'espoir d'un spectacle nouveau pour moi, attachant par sa naïveté et ses dérèglements.

Les rayons du couchant, dont l'oblique s'accuse progressivement avec l'heure, projettent sur le sable brûlant l'ombre des rameaux dénudés calcinés par la saison chaude. Les bêlements des troupeaux ramenés à pas lents par les bergers s'entendent distinctement, car l'heure du lion approche. Dans les parcs bordés de haies d'épines, qui les garantiront de l'ennemi, homme ou fauve, bœufs et moutons s'endorment, las de chaleur et de pâture.

Ahmedou sort alors de sa tente, les prières finies. A ce signal le camp s'anime, les guerriers s'agitent, tandis que les mortiers de bois résonnent sous les pilons des captives pour le repas de fête. Les hennissements des chevaux, leurs piétinements inégaux sous les entraves, les chants des femmes et les rires joyeux des enfants annoncent un changement dans l'existence monotone et calme des dernières semaines. Tandis qu'en un coin les bouchers de la tribu égorgent les moutons et les chèvres, un sourire de convoitise découvre des rangées de dents blanches et affamées.

Le soleil est au bas de l'horizon. Dans quelques secondes il aura disparu. Devant la tente d'Ahmedou le « ministre » Cheikh-Fall a préparé son tam-tam, et à peine la dernière clarté s'est-elle dissimulée dans les profondeurs de l'occident qu'une batterie magistrale de l'instrument annonce aux fidèles la fin du carême musulman.

Alors de tous les côtés de la brousse, dans leurs vêtements aux couleurs voyantes, jaillissent des cavaliers, droits sur leur selle, le fusil d'une main, conduisant leurs bêtes d'une pression des genoux repliés par des étriers trop courts. Les chevaux, sous la morsure du petit éperon que le cavalier porte, retenu par un lacet de cuir, à la face interne du talon, agitent leur queue rougie par le henné, et soudain la fantasia commence.

C'est une course échevelée, incohérente, au hasard de la brousse, tandis que les fusils partent en l'air, avec des détonations formidables, chargés jusqu'à la gueule. Cette galopade sans ordre et sans méthode ne rappelle que de fort loin les fantasias d'Algérie, où les riches caparaçons des montures le disputent au chatoiement bizarre des bournous brodés et des turbans multicolores. Pourtant, dans leur misère, ceux-ci sont beaux quand même d'enthousiasme et de joie enfantine, et je les regarde avec bienveillance s'exciter à la course dans le désir d'obtenir le suffrage de leur hôte. Comme nous le faisons dans nos fêtes de village pour les gamins des écoles, j'institue quelques menus prix pour les coursiers les plus rapides, et jusqu'à la nuit close un nuage de poussière et de fumée enveloppe le camp royal de cet illustre pouilleux qui représente la dynastie régnante des Braknas. Effarés ce soir, les lions et les panthères ne viendront point rôder autour des parcs et les bergers pourront prendre leur part des agapes nocturnes.

Le cousscouss est prêt; autour des calebasses pleines, les familles prennent place par rang de sexe et d'âge, et ce n'est, sous la lune nouvelle qui marque le mois qui commence, qu'un bruit de lèvres avides que les doigts des convives barbouillent de riz et de mil.

Ahmedou vient palabrer avec moi, le tamtam s'organise et le bal commence. D'abord sans entrain, les ventres étant encore pleins, les danses s'animent peu à peu, et c'est l'identique figure cent fois répétée aux sons traînards de la peau de bouc du tambourin taillé à même dans un tronc d'arbre, le sujet tournant devant les spectateurs accroupis.

Tandis que j'achève mon repas sommaire, mouton rôti et légumes en conserves, les fils d'Ahmedou, accompagnés du Cheikh-Fall, viennent me tenir compagnie, à la lueur de mes photophores. Ils me regardent avec réprobation achever la bouteille de vin que Mahmadou a sortie d'une de mes cantines ; mais la satisfaction se peint sur leurs visages lorsque je leur fais cadeau de cette bouteille une fois vide. C'est en effet, pour ces nomades qui ignorent le secret du verre, une surprise toujours nouvelle que de retourner dans leurs doigts ce récipient fait d'une autre matière que les gargoulettes qu'on leur apporte de Podor ou de Dagana. Les voici qui vont de suite de tente en tente montrer victorieusement le butin inattendu où dès demain ils enfermeront, en place d'alcool, la poudre de tabac blond dont ils emplissent leur narine.

Maintenant la fête bat son plein. Accompagnées par les chants des femmes se répondant de droite à gauche, scandées par le battement cadencé des mains joyeuses, les danses se précipitent. Parfois même un homme fait irruption dans le cercle, et durant quelques secondes, tournoie vertigineusement en poussant des cris gutturaux, aux éclats de rire de l'assistance.

Des feux s'allument, dont les reflets font

briller les yeux profonds et les dents blanches, silhouettant dans le trou noir de la brousse les visages farouches de ces fils du désert, vrais apôtres de l'indépendance absolue de l'homme sur la terre.

Entre eux, mais entre eux seuls, ils ont maintenu la hiérarchie de la famille et de la caste, En dehors de ces principes sociaux ils ne connaissent plus rien, et nul ne saurait courber leur indomptable orgueil, pas même la domination de l'Europe tout entière, puisque la toute-puissance d'Allah les protège. Et d'ailleurs, n'ont-ils pas pour eux l'immensité du désert qui les a vus naître, et dans laquelle aucune civilisation ne saurait les poursuivre lorsqu'ils s'y réfugient.

Un mois entier ils ont jeûné. Leur devoir accompli, ils ne songent maintenant qu'à se réjouir sans souci du lendemain.

Demain ils seront là encore, ou ailleurs, chez eux partout, tandis qu'affamé d'inconnu je poursuivrai ma route vers l'horizon en songeant à la patrie lointaine et aux absents. Et quand tout à l'heure ils dormiront calmes et sans souci, je rêverai sans doute de leur liberté fière et de leur tranquillité biblique.

Ahmedou vient prendre congé de moi; demain à l'aube mes chameaux seront prêts pour repartir.

Tous bruits éteints, je m'étends au milieu du camp, avec les étoiles pour confidentes : au sein de cette vie familiale et douce, une solitude immense m'envahit. L'hospitalité grandiose de ces nomades m'amoindrit, puisqu'à cette heure je suis comme un petit enfant sous l'œil paternel et respectueux de ces sauvages qui veilleront sur moi, pour préserver mon sommeil de toute inquiétude, de tout danger.

Hôte envoyé de Dieu — Allah me garde et le soleil levant rouvrira seul mes yeux!

KAYES

III

KAYES

A Ogier d'Ivry.

Epuisé par plusieurs jours de lutte contre le courant des hautes eaux, le vieux vapeur, flanqué de deux chalands lourds de matériel, halète péniblement sa dernière nuit.

Au passage dangereux des roches de Tambo N'Kané, la barre oscille de droite et de gauche, au caprice du chenal navigable, tandis qu'à l'avant le pilote plonge de minute en minute la sonde préservatrice des écueils dissimulés dans les flots troublés par l'hivernage.

Au milieu d'un nuage de moustiques, j'erre sur le pont, impatient de voir s'achever cette traversée monotone, entre les berges uniformes peuplées de singes et de perdrix.

La nuit, nuit d'octobre, est noire. La lueur des étoiles ne parvient pas à percer l'épaisseur de la brume, et c'est à grand peine que le capitaine s'oriente dans les sinuosités du fleuve.

Pourtant, devant nous, naît une vague et blême clarté qui se cache encore derrière des collines qu'elle silhouette dans l'ombre.

— Les montagnes de Médine, m'annonce le pilote.

Et dès lors, je ne quitte plus des yeux l'horizon pâlissant au pied duquel dort la capitale du Soudan, Kayes.

Le jour s'accuse. Déjà la ligne des rares maisons de la cité se détache dans l'aurore.

Quinze pavillons identiques, aux toitures rouges, bordant le fleuve, dix maisons de pierre bâties à la mode du pays ; au loin, de l'autre côté d'un marigot insalubre, sur le plateau qui délimite le thalweg du fleuve, les bâtiments du gouvernement, le tout entouré de cases indigènes, traversé par une allée de beaux arbres et la voie étroite du chemin de fer, tel est le chef-lieu de la colonie.

Les sonneries des clairons et des trompettes déchirent le silence, et, après ce long isolement du voyage, ces échos de la patrie lointaine rendent plus doux le débarquement sur ce sable ingrat qui va remplacer la terre natale.

Lorsque surgit le soleil au-dessus de la montagne, le bateau crache au ciel son dernier panache de fumée pour stopper devant le port primitif où s'arrête la navigabilité du Sénégal.

Au moment où nous arrivons, la ville s'éveille. Déjà les tirailleurs sont en route pour l'exercice, les magasins s'ouvrent et de toutes les cases s'exhibent des noirs de toutes races qui vont, tout le jour, promener leur nonchalante insouciance de rue en rue, de boutique en boutique.

Un coup de sifflet strident annonce le départ de l'unique train en route pour l'intérieur. La vie est née jusqu'au crépuscule.

Devant les maisons des commerçants, la place du marché s'anime. Sous le préau couvert qui leur est réservé, les bouchers noirs étalent les quartiers de viande sanguinolente qu'ils débitent au détail aux rôtisseurs, qui vont, sur leurs grils primitifs faits de tiges de bambou, cuire les côtelettes de mouton ou de chèvre bientôt acquises par les ménagères.

Aux abords, les marchands indigènes s'installent sous les paillotes, les jambes repliées sur une natte d'herbes sèches, avec des mannes de noix de kola, de morceaux de manioc, de poivre rouge et d'épices du pays, et enfin de beurre de karité, à l'odeur nauséabonde, débité en boules pétries par la main des femmes. Puis des patates douces, tenant le milieu entre la pomme de terre et le navet, des calebasses de mil et de maïs, du savon indigène fabriqué avec du sable mélangé à de la racine d'arbre oléagineuse, et tout alentour les boutiques européennes où se vendent les tissus, la bimbeloterie, la parfumerie de pacotille et l'article de Paris.

Hommes et femmes se croisent devant les étalages, se saluant avec d'étranges démonstrations d'amitié.

Dans un magasin, où vient de pénétrer un groupe, j'aperçois la femme d'un commerçant, une cravache à la main, cinglant amicalement les doigts indiscrets de ces acheteurs indécis qui veulent toucher à tout avant de choisir un bibelot de bazar à treize.

Ailleurs, c'est un domestique qui, méthodiquement, actionne une machine à glace pour que le maître puisse boire frais tout à l'heure.

Des lorrys (1) montent vers le gouvernement ou vers l'hôpital, conduisant à leur besogne les fonctionnaires et les médecins, et les ateliers de l'artillerie envoient à l'écho le retentissement de leurs enclumes et de leurs établis.

Devant le cercle, les plaideurs, qui viennent demander justice au commandant (2), palabrent avec animation sous le soleil, dérangés parfois par le passage d'un convoi de voitures Lefébvre, qui transporte au plateau les rations du personnel.

L'heure de la sieste est venue : dix heures du matin ; un clairon noir sonne l'extinction des feux. Les bureaux se vident, et chacun se dirige vers les popotes ou vers l'unique petit café de la ville pour y entendre et raconter les

(1) Wagonnets poussés sur rails par des noirs.

(2) Le commandant de cercle au Soudan remplit les fonctions de juge de paix.

potins du jour. Le déjeuner achevé sous les pancas (1), le sommeil anéantit la ville, et lorsque sonne le réveil, en pleine chaleur, c'est à regret qu'on abandonne le hamac ou le lit de camp.

Le soleil enfin se noie dans les ondes du fleuve, et il semble que l'homme revient à la vie.

De chaque maison, tables et chaises sont sorties sur le pas des portes. Le casque préservateur disparaît pour faire place à une coiffure plus légère, et, pendant que les cavaliers vont sur la route poudreuse essayer le galop des vifs petits chevaux du Macina, les sédentaires s'assoient autour de la traditionnelle bouteille d'absinthe, en causant du pays et des absents.

Hélas ! on a souvent, dans ces conversations du soir, de tristes nouvelles à enregistrer.

L'un est mort ce matin subitement d'un accès pernicieux ; tel autre est terrassé par une bilieuse hématurique ; celui-ci vient d'être enterré au loin dans la brousse, celui-là grelotte pour la dixième fois sur son lit de souf-

(1) Velum mobile qu'un noir agite au-dessus de la tête au moyen d'une corde à poulie.

france. Et de ceux qui devisent, combien, de ce climat meurtrier, pourront regagner leur patrie, et évoquer, auprès du foyer familial, les tristes soirées du Soudan ?

Mais bah! Le danger disparaît devant un morceau de glace mis à propos dans un verre, et l'on ne se soucie plus de péril de chaque heure devant cette consolation d'une minute!

La nuit est souvent avancée que les conversations se prolongent encore sous l'œil indulgent des étoiles.

Parfois, dans l'ombre, un sifflement de vapeur vous éveille, et l'on se dresse, le cœur battant plus vite. C'est un peu de l'air natal qui vient à vous, c'est le courrier de France!

Dès l'aube on se précipite sur le perron de la poste pour cueillir dans la fraîcheur du matin le baiser qui vient de là-bas et auquel on rêve chaque jour!

Quand il faut quitter Kayes pour accomplir sa part de tâche dans l'intérieur, il semble qu'on s'en va très loin pour ne plus revenir. Déjà l'on s'était habitué à cette vie nouvelle et uniforme, réglée, sans secousses, et l'on va vers l'imprévu. Lorsque les camarades que l'isolement vous a créés viennent vous accompagner à la gare, on éprouve comme la sensation d'une famille que l'on quitte, et l'on évoque malgré soi le premier départ, là-bas, de la France. Plus d'un ne peut retenir une larme émue et tout s'écroule dans cet abandon définitif de la vie civilisée.

Disparu par la mort ou par l'absence, vous n'en serez pas moins ainsi rapidement oublié sur ce sol où l'égoïsme fleurit en liberté, et l'éternel remous de la vie coloniale vous ballottera à son gré, absorbant sans fin ce que la patrie a de meilleur et de plus pur !

L'ESTOUFFATO

IV

L'ESTOUFFATO

A Désiré Magnien.

Le train de Bafoulabé vient de siffler au loin pour annoncer son arrivée à Kayes. Des groupes nombreux se pressent à la gare, car aujourd'hui on attend de l'intérieur un convoi important d'officiers rapatriables qui, après un séjour de dix-huit mois dans la brousse, regagnent la terre de France. Les amis, les indifférents, ceux qui comptent sur les voyageurs pour se charger de commissions, sont venus s'aligner sur le quai, se nommant l'un à l'autre les camarades qui reviennent de la brousse.

Les wagons primitifs, aux banquettes de bois, aux rideaux brûlés par le soleil, viennent stopper doucement au débarcadère, et de chaque compartiment descendent des figures hâves, aux yeux enfoncés, cerclés de bistre, épuisées de fièvre et de spleen. L'anémie, morale et physique, a anéanti ces natures généreuses qui, il y a quelques mois à peine, s'envolaient, pleine de santé et de vigueur, vers l'inconnu du désert.

Des mains se tendent.

— Bonjour, mon vieux. Comment vas-tu?

— Bien, répond un demi-cadavre, auquel ce retour à l'étape première a redonné l'illusion d'une vie nouvelle.

— Et un tel?

— Mort à Ségou!

— Mon frère n'est pas là?

— Repris de dysenterie. Resté à Bafoulabé.

— Et vous, mon capitaine?

— Mieux, merci! Mais il était moins cinq. J'ai bien cru *claquer* à Kita.

— Tiens, te voilà, toi?

— Mais oui, mon vieux! As-tu une lettre de ma mère?

— Il y en a deux au cercle. Tu as été porté comme mort il y a quinze jours. Il faut lui télégraphier de suite.

— Pauvre femme ! Sale pays !...

Et l'on se disperse dans la ville, au hasard des logements retenus et des popotes hospitalières. A peine les pancas s'agitent-ils au-dessus de la tête des convives que les interrogations commencent. Les récits de voyages à travers la brousse se succèdent autour des tasses de café, et, tandis que les boys vont quérir dans l'armoire des jours de fête les bouteilles de liqueur réservées aux amis, on échange les nouvelles, celles de France et celles du désert.

On se raconte les longues étapes sous le soleil, les marigots passés à la nage, les haltes dans les villages ruinés, où les chevaux sans prébende broutaient le chaume des cases. Puis viennent les récits de combats avec les sofas d'Ahmadou ou de Samory, les prises de tatas, les alertes la nuit, le tout un peu grossi par l'imagination et le soleil.

Aujourd'hui, on sacrifiera les heures de la sieste aux bavardages amicaux.

Celui-ci d'ailleurs partira après-demain, lui aussi, vers l'Est; il se documente du mieux qu'il peut auprès des camarades revenus, et le soleil se couche derrière Bakel qu'on est encore là à causer, autour de la table de popote. Heureux du retour, les arrivants tâtent, par instants, la poche intérieure de la veste de toile où sont en bons du Trésor payables en France, soigneusement serrées, les économies accumulées au prix de tant de fatigues et de détresses. Ils songent aussi à la cantine pleine d'écus péniblement amassés, et, telle la laitière de La Fontaine, escomptent les bonnes soirées et les aubaines amoureuses que bientôt leur vaudront deux ans d'efforts et de spleen.

Le moment est venu de se réunir au Cercle dans le petit pavillon qui borde le fleuve, car c'est l'heure où la glace sort de la machine, où l'on pourra enfin boire frais et clair, après tant de mois d'eau de puits ou de marigot.

Comme on est tous ensemble, qu'on est officier et, par conséquent, un peu joueur, par goût ou par désœuvrement, on s'attable par groupes autour d'une petite partie, oh! bien anodine, un sou la fiche, histoire de se distraire.

Puis, voici que le jeu progressivement s'anime. Le sang-froid commence à abandonner un perdant dont les mises augmentent la proportion du déficit. Les poches des nouveaux arrivés sont bientôt vides, car voici bien longtemps qu'ils n'ont tenu une carte, et ils sont prompts à s'emballer. C'est alors qu'on commence à jouer sur parole. La folie se met de la partie, et lorsque le soleil gravit à l'aube les montagnes de Médine, le tapis vert a englouti le passé, le présent et l'avenir de ces braves qui n'ont pas plus marchandé leur vie dans la brousse que leur argent au jeu.

C'en est fait maintenant des joies du retour, des espérances de fête. Deux années de labeur englouties en une nuit! Il va falloir rentrer en France aussi pauvre qu'avant, avec le souci des dettes laissées en arrière et l'obligation d'en contracter de nouvelles. Voici même, dans un coin de la salle, accoudé devant un verre de bière à moitié vide, un pauvre capitaine qui songe, les yeux fixes, que sa femme attend à Rochefort, avec son jeune enfant, ce retour joyeux d'une absence à laquelle elle ne s'est résignée que parce que l'avenir du petit en dépendait. Les bons du Trésor, l'argent, la solde à venir, tout a disparu, et une larme lente roule sur la joue du malheureux qui sent son cœur se gonfler d'amertume et de désespoir.

Quelques jours après, lorsque, devant le même cercle, appareille le vapeur qui descend les rapatriables à Saint-Louis, il manque des noms à l'appel ; ceux qui, à bout de ressources ont demandé à prolonger leur séjour dans la colonie, et vont reprendre le long calvaire déjà parcouru.

Comme je reviens du quai, jetant un dernier coup d'œil sur les panaches de fumée qui sillonnent le fleuve, je croise un des infortunés que la déveine rive à ce sol ingrat, et tandis qu'il passe devant le pavillon dit « des officiers », je le vois lui montrer le poing et l'entends lui murmurer, les dents serrées, dans le patois de son pays :

— Oh ! l'ESTOUFFATO !

LES GRISGRIS

V

LES GRISGRIS

A H. Armand.

Un chapelet de sachets de toutes formes autour du cou, d'autres aux poignets et à la ceinture, voici venir le marchand de grisgris, marabout renommé du village pour l'excellence des fétiches qu'il a bénis.

Dans le petit sachet de cuir travaillé, où, après avoir prononcé, les mains vers le ciel, la prière qui le consacre, le prêtre a lui-même enfermé le verset du Coran qui donne la puissance, les fanatiques enfants du désert adorent la volonté divine dont ils s'imaginent, par ce grisgris, posséder une parcelle.

Chacun a sa vertu spéciale. L'un préserve de la maladie, l'autre met à l'epreuve des balles ou de l'acier, celui-ci garantit de la morsure des serpents, celui-là de la voracité des crocodiles : tous sont réputés infaillibles.

Le cordonnier confectionne d'abord l'amulette. Épaisse ou mince, large ou longue, celle-ci est remise au marabout pour la consécration.

L'acheteur vient alors et assiste à la petite comédie qui doit faire de cet objet inanimé une manifestation de l'intervention céleste dans la vie humaine. Lorsqu'il a acquitté entre les mains du marabout le prix de l'objet vénéré, de cinquante à cent francs en moyenne, et parfois jusqu'à cinq cents francs, il l'attache à la partie de son corps à laquelle il est destiné, et s'en va triomphalement vers la place aux palabres le montrer comme un bijou de prix.

Et les vieux de s'incliner respectueusement devant ce fétiche préservateur, ou complimentant l'heureux acquéreur qui a pu dépenser la grosse somme que représente un grisgris.

A dater de ce moment le joyau ne le quittera

plus, quels que soient les hasards de son existence. Offrez-lui ce que vous voudrez, rien ne le décidera à s'en séparer, et ce serait s'exposer à la plus terrible des haines que de vouloir le lui enlever quand même. Convaincu de sa puissance, il n'hésitera pas à affronter le péril conjuré, et, *s'il a grisgris pour balles*, le noir ne bronchera pas devant le canon d'un fusil. Quand le plomb l'atteint, c'est qu'il a commis une faute, et que Dieu pour le punir a retiré du grisgris sa protection bienveillante.

Mélange bizarre de superstition et de foi sincère, cette croyance naïve, qu'on trouve également chez les populations musulmanes et fétichistes, ne rappelle-t-elle pas les enfantillages du christianisme, le scapulaire, les enfants voués, et la médaille de Marie ?

LES CHUTES DU FÉLOU

VI

LES CHUTES DU FELOU

Au Maître A. Guillemet.

Lorsque les eaux torrentueuses de l'hivernage se ruent entre les berges ravinées du Sénégal, Médine, la Ville gracieuse, s'étageant jusqu'aux roches, baigne presque dans les flots troubles du fleuve.

Un tremblement lointain de l'air, comme ferait le bruit d'innombrables voitures sur un pavé sonore, parvient à l'oreille avec une persistante obsession, tant qu'à la fin je me sens invinciblement attiré et que je suis le sentier tortueux où le pied se fatigue sur les pierres inégales.

Le bruit grandit à mesure que j'avance; déjà je me vois forcé d'élever la voix pour me faire entendre de mes compagnons. Puis, quand nous avons tourné le coude du fleuve, les paroles se meurent dans l'effroyable clameur des flots en délire, qui bondissent et s'écrasent devant nous dans un firmament d'écume où le soleil enfante des constellations.

Nous sommes aux chutes du Félou, un des coins les plus séduisants de cette brousse capricieuse.

Un escalier géant, long de mille mètres, haut de quarante, développe ses larges marches de rochers sans symétrie, conduit l'énorme masse liquide vers le seuil nouveau.

Au-dessus, le fleuve a la placidité d'un lac. L'immense nappe d'eau s'écoule lentement, presque dormante, comme si nul obstacle ne devait entraver son cours. Puis l'escarpement des roches lui échappe, par un brusque tournant vers le nord; elle s'écroule en hurlant sur le gouffre, s'accroche à toutes les aspérités, se brise en un nuage de diamants que le vent promène un instant dans l'espace.

Des vols de ramiers se jouent à travers la

buée fine, au-dessus de la tache luisante d'un dos d'hippopotame.

Le tourbillon se précipite, dégringole de chute en chute jusqu'au bassin inférieur, où il s'apaise dans un dernier remous pour retrouver sa route vers l'océan.

La saison des pluies s'achève. Lentement, sous les ardeurs croissantes du soleil, le fleuve abaisse son niveau que n'alimentent plus les marigots taris.

Le torrent ralentit sa course. De jour en jour la pression du flot diminue, et les pointes des rochers émergent une à une, comme pour limiter la violence du courant qui doit maintenant reprendre son chemin naturel, à travers les fissures des énormes blocs.

L'été est venu. A tout ce fracas succède un calme inattendu. En amont, la nappe, aujourd'hui limpide, repose sur le ciel immuablement bleu. Les marches superbes sont à nu, avec, par places, des cuvettes immenses où l'on a peine à ne pas glisser, et où, goutte à goutte, s'épanchent, murmure léger, les infiltrations qui cherchent, dans leur marche hésitante, à se rejoindre dans l'infini.

L'ouragan s'est transformé en une cascade légère : sur une roche isolée se lisent encore, profondément gravés dans la pierre, les noms des voyageurs qui sont venus rêver là, une minute, des montagnes natales. Un crocodile énorme, au milieu de la masse grise, mêle, sous la lumière, le miroitement de ses écailles aux tons bleutés du Félou.

LE TRAIN DE BAFOULABÉ

5.

VII

LE TRAIN DE BAFOULABE

A Georges Courteline.

Les visiteurs de l'Exposition universelle de 1889 n'ont certainement pas oublié le petit chemin de fer Decauville qui conduisait de la tour Eiffel à l'Esplanade des Invalides. Mais un seul de ces voyageurs s'est-il demandé, lorsque les quais de la Seine eurent repris leur physionomie première, ce qu'étaient devenus les élégants wagons et les gracieuses machines qui firent la joie de tant de provinciaux et d'enfants, évocation du train circulaire de la fête de Saint-Cloud ?

Il m'a fallu arriver jusqu'à Bafoulabé, au

bord du Sénégal, pour pouvoir, à ces ingrats, rapporter des nouvelles de leur hochet favori.

Après de nombreux moyens de locomotion, vapeur, chaland, cheval, à pied, on parvient enfin à Kayes, et le premier bruit entendu au loin, c'est le sifflet du chemin de fer. A mille kilomètres de la côte, on est d'abord surpris qu'on ait pu, là où un homme a tant de mal à pénétrer, amener le matériel nécessaire à une voie et à son exploitation, et lorsqu'on se trouve devant la gare de Kayes, vaste construction en pierre, cet étonnement devient presque de l'admiration.

Ici, c'est une voie d'un mètre, presque un chemin de fer normal, qui, durant cent vingt-quatre kilomètres, sillonne la brousse le long des berges escarpées du fleuve, jusqu'à la naissance du Sénégal, au confluent du Bakoy et du Bafing. La voie monte, descend, au caprice des aspérités du sol, qu'il eût été trop difficile d'aplanir, et le train roule comme il peut, de l'aube au crépuscule, jusqu'au point d'arrivée, où il parvient tant bien que mal.

C'est le matin à sept heures, un peu après le lever du soleil, que le capitaine du génie, devenu chef de gare, donne le signal du départ.

Tout d'abord, le train est très compliqué. Première classe : wagon en bois; huit places en deux banquettes non rembourrées, parallèles dans le sens du train, avec au fond une glace de vingt-neuf sous. Deuxième classe : le même, avec banquettes dans l'autre sens, mais sans glace. Tous deux avec des ouvertures sur le côté, garnies de ridelles de toile pour éviter le soleil. Troisième classe : un *truc* à ciel ouvert, sans bagages. Quatrième classe : le même avec bagages. Ces deux derniers destinés aux noirs qui s'étalent comme ils peuvent : les premiers, accroupis les uns contre les autres les seconds, éparpillés au hasard des colis amoncelés sur le rudimentaire véhicule. Ajoutons à cela deux wagons clos réservés au transport des officiers les jours de départ des convois, tel est le matériel de la compagnie du chemin de fer du Sénégal au Niger.

Les adieux échangés sur le quai, le train part. Il gravit le plateau, s'arrête un instant à l'hôpital — combien y reviendront de ceux qui s'en vont? — et descend vers le marigot qui longe les montagnes de Médine. Il franchit, en soufflant, les rochers abrupts, halète un instant avant d'aborder la rampe du kilomètre 14.

Aujourd'hui, par malheur, le train est trop chargé, le mécanicien noir n'a pas donné assez de vapeur. La pente est raide, les pistons ralentissent leur mouvement, s'arrêtent : voici le train en panne. On revient en arrière prendre de l'élan, on force la vapeur ; peine perdue. Alors, tout le monde descend ; poussez, ô voyageurs, jusqu'au sommet de la côte ! Le convoi passe.

A chaque station un sergent du génie chargé du service inspecte l'ordonnance du convoi, cependant que le mécanicien et le chauffeur, après avoir rempli la chaudière d'une eau déjà presque bouillante, aspergent les bielles et les pistons brûlants.

On dégringole à toute vitesse, on grimpe péniblement, et la longue journée n'est coupée que par la distraction de la halte du déjeuner, à Diamou.

Ici, arrêt d'une heure sous la vérandah de la petite gare recouverte de chaume ; on sort de la cantine les victuailles préparées pour la route. Un réservoir d'eau filtrée est là, tout près, mais on préfère l'eau des gargoulettes pendues au toit du wagon et que le courant d'air de la marche a sensiblement rafraîchie.

Le café bu à la hâte, on repart : l'écrasante chaleur de l'après-midi s'appesantit sur une digestion pénible.

A cinq heures du soir seulement, on stoppe devant le poste de Bafoulabé, éreinté, ahuri, comme après un long, très long voyage en diligence.

Autrefois, il fallait traverser le fleuve en bac pour prendre le nouveau train de la brousse. Mais on a lentement réalisé quelques progrès et la voie de Bafoulabé se poursuit à l'heure actuelle jusqu'à Kalé, traversant le Bafing au pont de Mahina, en amont du poste, pont métallique de quatre cents mètres posé sur des piles de pierre scellées en plein roc, refuge des hippopotames et des crocodiles.

Kale ! Les voyageurs pour au delà changent de voitures! Ici, il n'y a plus qu'une voie de soixante centimètres, et c'est alors qu'on éprouve une étrange sensation à retrouver sur les véhicules étroits, à la couleur mangée au soleil, l'écusson cher à feu M. Alphand.

Grandeur et décadence! Des bords de la Seine au centre de l'Afrique, démontés, transportés eu détail, ces pauvres wagons, jadis si coquets, en ont vu de dures, et les voici, eux qui ont promené tant de joie et d'insouciance, occupés à colporter des nègres, des victuailles et des cartouches.

S'il pouvait leur être accordé une consolation, ce serait assurément de se décharger de leur fardeau sur un plus faible qu'eux, puisque le dernier tronçon du chemin de fer, jusqu'à Dioubéba, où la ligne rejoint le Bakoy, n'est plus qu'une voie de cinquante centimètres, à voiturettes légères, poussées par des noirs qui s'essoufflent aux montées et, aux descentes, accroupis sur les marchepieds, rient gaiement de la vitesse accrue de seconde en seconde, inconscients du danger des courbes où ils ne songent même pas à actionner le frein à portée de leur pied.

A Dioubéba, le poste du chef de ligne n'est plus qu'une case ronde de Malinkés, et c'est de là qu'il va falloir définitivement recourir aux moyens de locomotion indigènes. Heureux encore celui qui aura pu s'assurer une monture pour continuer sa route vers le Niger!

Je n'ai point parlé de la manière dont furent construits ces différents tronçons de chemins de fer, mais tous ceux qui ont quelque peu suivi la politique soudanaise se rappellent les graves discussions qui ont accompagné la création de ce réseau, les capitaux considérables — plus de trente millions — engloutis en quelques années pour cent soixante kilomètres de voie unique, le gaspillage énorme du matériel arrivé incomplet à Kayes et enterré, comme un cadavre, afin de dissimuler les fautes de l'administration locale. Aujourd'hui même, au cours des travaux d'assainissement ou de voirie, il arrive aux terrassiers noirs d'exhumer une chaudière à peine rouillée ou des bielles intactes, et il y a encore plus d'un vieux soudanais qui, les yeux fermés, pourrait indiquer, le long du fleuve, des gisements d'acier ouvragé!

Hélas! c'est l'éternelle histoire des colonies naissantes où chacun ne songe qu'à tirer la couverture à soi, sans se soucier des sacrifices immenses que chaque année s'impose la métropole dans l'intérêt de quelques flibustiers!

N'importe! A rencontrer, après les premières épreuves de la montée du Sénégal, ces vestiges de la civilisation européenne, on est tout de même content, et c'est avec regret qu'on quitte ces chers souvenirs du pays, de même que c'est avec allégresse qu'on les retrouve au retour, *quand on revient*.

DALIKÉBAFATA

VIII

DALIKÉBAFATA

Au maître Pelez.

Depuis Badumbé, la monotonie de la route n'a été rompue que par le passage à gué du Bakoy, à Toukolo, site presque verdoyant où abondent les gazelles, les perdrix et les fauves. D'étapes en étapes à travers une terre friable, avec toujours devant soi l'uniforme aspect des arbres dépouillés par la sécheresse, on somnole le long des haltes succédant aux haltes, depuis le petit jour jusqu'à la grande chaleur.

Pourtant, un matin, une fraîcheur inattendue vient caresser le front en sueur, et une verdure s'accuse plus dense sous les pieds du cheval, en même temps que des vols de perruches piaillent dans les frondaisons plus épaisses et plus vives.

— Grand marigot, eau beaucoup — dit Mahmadou.

Quelques minutes après nous descendons le ravin et nous passons, sur le pont rustique jeté à la mode noire, une petite rivière au cours à peine sensible, et toute bordée de somptueux arbres verts, dont les têtes touffues s'enchevêtrent, embroussaillées de lianes, obstruant le ciel.

L'occasion est trop belle : je crie halte, et mets pied à terre au fond de cette oasis inespérée. Point de brise, mais une atmosphère froide qui monte de cet antre de luxuriantes végétations où ne saurait pénétrer le plus petit rayon de soleil.

— Sigui (repos)! fais-je à mes porteurs, d'autant que le village est tout près de là, et qu'ils trouveront de quoi s'approvisionner.

Nous sommes en mai, point encore de moustiques: je fais dresser ma tente au bord même du marigot où gazouillent les colibris.

Après le déjeuner qui me paraît délicieux,

tant je suis disposé à toute indulgence, je m'étends en fumant au plus sombre du cours d'eau, et je m'imagine sans peine les bords du Loing ou de l'Essonne, aux ombrages si hospitaliers les jours d'été. Pour un peu je pêcherais à la ligne, si j'avais une ligne et qu'il y eût des poissons, et je jouerais au bon propriétaire des environs de Paris qui laisse le temps s'enfuir et le ruisseau couler !

Celui-ci ne se hâte pas, puisque rien au Soudan ne doit ressembler à la vie ; aucun papillon, aucune libellule ne frôlent de leur aile diaprée la surface terne, où nul lit de cailloux ne miroite. On dirait que ce flot tranquille voudrait lui aussi s'arrêter là, par peur du soleil qui l'attend plus loin pour l'absorber le long de son pénible sillon vers le fleuve.

Pourtant, halte fortunée, je me souviens de toi comme d'un rêve charmant, et cet après-midi sous les saules — je veux dire sous les rôniers — est resté dans mes désillusions comme un beau vers dans un mauvais poème. Et telle est la sensibilité humaine, que le soir j'ai tout oublié, et que ma journée s'achève dans une résurrection d'espérances.

La nuit tombée, les massifs d'arbres se découpent en silhouettes gigantesques sur le fond étoilé du ciel. Pour la première fois, un morceau du firmament se dérobe à mes yeux, et une sensation exquise de bien-être et de repos me vient de ce coin radieux où maintenant, les oiseaux endormis, susurrent les cigales.

Le sommeil doucement s'empare de moi; magiquement, dans un songe, tout se transforme. Voici la petite maison au toit de tuiles rouges, le long duquel grimpent les glycines; des roses s'épanouissent, dans les massifs, et les oiseaux de paradis font fête au rossignol de France !

Dalikébafata, goutte d'eau fraîche au milieu d'un océan de chaleur, je te suis redevable d'une joie profonde, et pour cette minute d'oubli j'ai pu pardonner à ta marâtre, la terre d'Afrique, bien des souffrances et bien des détresses !

LES SAUTERELLES

IX

LES SAUTERELLES

A Georges Dedé.

Après la longue étape du matin, nous arrivons enfin au village de Kégnéko-Boulouli, perché au-dessus d'un ravin profond où gazouille une eau claire. Sur les berges cultivées, des lougans prospères s'étagent, aux épis de mil hauts de trois mètres et plus, lourds de grains, gardés des tourterelles et des golos (*singes*) par des bandes de gamins turbulents et criards qui, le long du jour, s'égaillent en hurlant à travers la moisson.

La récolte sera belle, et la satisfaction anime le visage des gens que je rencontre.

Soudain, sous les pas de mon cheval, un

insecte s'envole, puis un autre, puis dix. Ce sont des sauterelles.

— Pas bon, murmure laconiquement mon guide.

En effet, quelques minutes se sont à peine écoulées que je suis enveloppé d'un nuage d'acridiens, et que de tous côtés des tourbillons se forment, tandis que du fond des fourrés le gros du vol s'élève pour se reposer un peu partout en plein lougan.

La nuée maintenant s'est faite brume, et, se groupant autour de l'avant-garde que mon passage a dérangée, le fléau s'abat sans pitié sur le butin des pauvres gens.

Des millions et des millions d'insectes ailés passent au-dessus de moi, et se posent sur les tiges, sur les feuilles, sur les grappes. Six heures durant, je vois à peine le ciel au travers de ce bourdonnement, et, lorsque la nuit est venue, le crépitement des graminées sous la morsure vorace des terribles bêtes annonce que tout espoir est perdu de sauver quoi que ce soit.

Les noirs d'ailleurs n'ont point bougé. Habitués un an sur deux à cette catastrophe, ils savent que tout effort serait inutile, et, dans leur fatalisme de souffrance, ils envisagent sans murmure l'effroyable famine que le ciel leur envoie.

Au matin, le vol reprend son essor, comme il est venu, laissant derrière lui la désolation et la faim.

De ces lougans, ombragés par les feuilles et les épis, à travers lesquels je cheminais hier, il ne reste plus trace. Les clartés blanches du soleil se jouent maintenant sur les tiges dénudées, et plus un vestige ne demeure de cette végétation florissante.

Les oiseaux eux-mêmes ont déserté le champ et une solitude immense plane au-dessus de cette fécondité morte, tuée par une fantaisie cruelle de la capricieuse nature.

LE MARIAGE DE FATIMATA

X

LE MARIAGE DE FATIMATA

Au Maître Henner.

Au milieu des roches qui enserrent le cours du Bakoy, le long de leurs escarpements abrupts, mon convoi a fait halte. Au loin, à travers la feuillée chétive des arbres altérés, je distingue le drapeau du poste de Badumbé, entouré des cônes de paille des cases indigènes.

Tandis que les porteurs vont à l'eau et que mes gens montent ma tente, Mahmadou se rend au village pour y acheter les provisions de mes hommes : mil, maïs, un mouton.

Lorsqu'il revient, entouré des gens du village, je remarque que ses yeux sont plus brillants et qu'un sourire de contentement anime son visage, d'ordinaire immuable. Mais, comme toujours, je m'abstiens de lui en demander la cause, attendant ses confidences.

Silencieusement, il dresse ma table de campement, apporte les bouteilles de l'apéritif, assure mon pliant et rince mon verre, en jetant par instants des regards d'intelligence aux noirs accroupis devant moi.

Puis, quand je suis installé et qu'il pense que je dois être satisfait de son service, il se hasarde à mes côtés, et, timidement incliné :

— Dis donc !

— Eh bien ! qu'est-ce que tu veux, Mahmadou ?

— Nous rester ici toute la journée ?

— Mais oui. Pourquoi ?

— Parce qu'alors moi y a marier !

— Ah bah !

— Oui, moi marier. Toi me donner dot pour acheter mousso (1) et faire tam-tam ce soir.

Et ce n'est pas plus difficile que cela.

(1) Femme.

Mahmadou a trouvé à Badumbé une femme à son goût. Il s'est enquis de ce que cela lui coûterait pour l'épouser, et le voilà prêt à convoler en justes noces le jour même, pour peu que je l'y autorise.

— Et que feras-tu de ta femme, dis-je à Mahmadou que j'ai pris à part, lorsque nous serons en route ?

— Elle laver ton linge et faire cousscouss pour nous.

Egoïstement, devant cette raison pratique, je m'incline, et remets à mon brave serviteur l'argent qui lui est dû, en y ajoutant un petit cadeau de noces.

Mahmadou appelle alors un des noirs qui nous entourent, et qui porte sous son bras un foufou (1) de noix de kola.

Un palabre s'engage, et Mahmadou achète dix kolas blancs qu'il envoie de suite au père de sa fiancée, pour lui faire part de ses intentions.

Ceci, c'est la demande en mariage.

Une heure ne s'est pas écoulée, que le vieux est arrivé à mon campement, très flatté de

(1) Paillon de la forme de ceux qui enveloppent nos bouteilles.

l'honneur que lui fait ce serviteur d'un blanc en lui demandant sa fille. Mais voici venir le quart d'heure de Rabelais, le prix de la dot. On discute longtemps, longtemps, et on finit par conclure de ceci : Mahmadou versera vingt-cinq francs comptant, et trois fois autant après essai.

« Messieurs, on ne paie qu'en sortant, » diraient nos camelots parisiens.

Le marabout bénira l'union après la prière, et le jeune ménage sera définitivement lié.

Pourtant, il manque encore quelque chose, le cadeau de noces. Mais Mahmadou n'est pas embarrassé pour si peu. Il fait appel à l'une de mes cantines, et, comme j'ai une bonne provision de sucre, il en distrait délicatement une livre qu'il envoie à sa femme.

Cela, c'est la corbeille.

Puis, au son du tambourin, le cortège, enchanté de mes largesses et hurlant mes louanges, se dirige vers le village pour la cérémonie.

Mahmadou, me prenant par la manche de ma chemisette, me dit ce simple mot qui ne souffre ni résistance, ni réplique :

— Venir.

Et je viens, amusé par cet événement naïf autant que grotesque, tandis que les griots m'étourdissent de leurs mélopées.

Dans la case du chef de village, après s'être fait payer d'avance — deux pièces de cinq francs — la manifestation de son sacerdoce, le marabout consacre par quelques paroles l'union de Mahmadou, fils de Mahmadou, avec Fatimata, fille de Tiassine, puis on se dirige vers les agapes familiales auxquelles le nouveau marié va sacrifier quelques mois de ses gages.

Le village entier se prépare à fêter dignement le jeune ménage, et de tous côtés on revêt les plus beaux boubous et les plus riches pagnes, sachant que le toubab sera de la fête.

Il est midi. En quatre heures, Mahmadou a choisi une épouse, fait sa cour, adressé la demande d'usage, convoqué les autorités, et épuisé toutes les formalités d'un mariage au Soudan.

Il est marié et bien marié.

Je regagne ma tente pour la sieste, et je

sommeille quelques instants au son bruyant de la fête qui commence.

L'après-midi, je suis encore mis à contribution par mon brave serviteur qui vient me demander de la poudre, et, les fusils chargés jusqu'à la gueule, des détonations éclatent de toutes parts, lorsque la mariée vient me rendre visite en grande pompe, entourée de toute sa famille.

Drapée dans un boubou d'éclatante blancheur, Fatimata est une assez jolie fille de race bambara, aux yeux très doux, aux seins encore fermes sous la guinée du vêtement. C'est avec un sourire plein de coquetterie qu'elle vient me faire une révérence à la Louis XV, en me criant, la bouche épanouie comme un écrin de perles :

— *Bonzour !*

Elle me montre avec orgueil les bracelets d'argent massif qui cerclent ses chevilles et ses poignets, et le médaillon d'or vierge qui pend sur sa gorge à un lacet de cuir, cadeaux de son premier mari, car Fatimata est déjà divorcée, et Mahmadou épouse ce que nous convenons d'appeler un bon parti.

Le cortège fait le tour de mon campement; puis, comme j'offre un verre de sirop aux époux, le tam-tam les entoure en chantant l'hyménée.

Le dolo (1) coule à pleines calebasses, au bruit des coras et des balafonds, et des feux de joie découpent dans l'ombre la silhouette fantastique des baobabs. Je puis à peine me reposer que le matin est venu, et que ma colonne reprend le sentier pierreux qui longe le fleuve.

Mahmadou sort de la case nuptiale, et la jeune mariée assure la calebasse, où elle a empilé ses effets et son bien, sur sa chevelure un peu dérangée.

Docilement la voici en route, et triomphalement son mari va de la tête à la queue du convoi pour raconter ses prouesses aux porteurs dont les rires, amis autant que railleurs, égaient le matin monotone.

Les premiers jours, le ménage paraît parfaitement uni. Fatimata est pleine de préve-

(1) Boisson de mil fermenté mélangée parfois à du miel et fortement alcoolique. Très appréciée des Bambaras et des Mandingues.

nances pour moi, et Mahmadou semble enchanté du choix qu'il a fait, confiant à sa femme tous les travaux qui lui avaient incombé jusqu'alors, et prenant vis-à-vis de ses camarades des airs de commandement hautain. Puis, une semaine plus tard, je crois m'apercevoir d'un refroidissement soudain dans l'attitude commune, et le silencieux Mahmadou hoche parfois la tête en claquant de la langue d'un air de mécontentement.

Je cherche à deviner sans y parvenir le motif de cet assombrissement soudain de la lune de miel, lorsqu'un matin Mahmadou vient me trouver radieux et me dit joyeusement :

— Fatou y a partie.

— Eh bien, cela n'a pas l'air de fort t'émotionner.

— Oh ! non. Fatou y a pas bon pour nous. Veut rien faire et manger toujours, et puis trop petite femme pour marcher. Alors prendre sac de mil et partie Badumbé chez son père.

— Du moment que cela te convient ainsi, mon garçon, amen ! ajoutai-je comme conclusion.

— Hé ! Hé ! dit le mari pratique, pas fini

encore. Toi écrire commandant Badumbé pour réclamer à Tiassine les cinq gourdes (1) que moi donné comme dot.

— Comment ! tu renvoies la femme et tu réclames l'argent ?

— Oui, oui, Fatimata partie, mais rendre mon argent, puisque pas bonne pour femme.

Que penseraient de cela nos législateurs? On s'épouse, argent contre femme, et s'il y a incompatibilité d'humeur, on rend la femme et on reprend la dot. Il en est de même lorsque le divorce a lieu par suite de l'inconduite de la femme. Dans le cas seul où tous les torts sont du côté du mari, la famille garde la dot.

Voilà qui simplifierait bien notre procédure si l'on adoptait ces mœurs indiscutablement logiques.

Je m'exécute ; Mahmadou, lorsque nous repasserons par Badumbé, reprendra l'acompte de vingt-cinq francs, et retrouvera probablement Fatimata remariée pour la troisième fois. Tout cela sans querelle, sans contestation, de par la seule décision d'un mara-

(1) Pièces de cinq francs.

bout qui n'a prêté serment qu'au soleil de la Mecque.

Je ne puis m'empêcher de rire de bon cœur aux réclamations de Mahmadou en songeant que nous voulons imposer à ces simples nos lois et nos juges de paix, dont ils n'ont que faire, puisque chez eux la famille est bien plus solide que chez nous par le fait même de cette liberté de mœurs.

Mahmadou, divorcé, reprend paisiblement ses fonctions, et, le long de la route, il ne me parle de son ex-épouse que pour me demander si le commandant de Badumbé a renvoyé ses vingt-cinq francs. Le mariage ne lui ayant pas réussi, il songe déjà à acheter un captif, et escompte sa solde en vue du marché prochain.

KHATI

XI

KHATI

A Maurice Grangent.

Je viens de passer à gué le marigot de Dio, célèbre par l'embuscade que les sofas de Samory avaient tendue à nos troupes, alors que nous marchions vers le Niger. A l'horizon se dessine déjà la chaîne de montagnes qui enserre le cours du grand fleuve, et comme si je devais entrer dans une région féconde et peuplée, je commence à trouver plus fréquents les lougans où hurlent tout le long du jour les enfants et les captifs des villages pour en écarter la faune pillarde.

Le village de Khâti, dernière étape avant

Bammako, se ressent de cette fertilité, et les trois arbres réglementaires des villages soudanais ici dressent dans le ciel une frondaison plus douce et plus fraîche.

Le marché est aussi plus animé, encore que le beurre de Karité y empeste l'atmosphère.

Les dioulas sont plus nombreux sur ce marché que partout ailleurs, les transactions beaucoup plus importantes.

Comme je cherche à m'expliquer ce phénomène, j'entends à côté de moi une discussion entre deux marchands qui, ne voulant pas se faire comprendre de la clientèle, se servent de leur idiôme natal, où reviennent par moments les mots *Yes* et *All Right*. C'est pour moi un trait de lumière ; à considérer de plus près la marchandise qui garnit les éventaires, je constate qu'elle est entièrement composée de produits anglais venus, à dos de bourriquot, de Sierra-Leone, peut-être même de Gold-Coast. Comme j'interroge les vendeurs, je m'aperçois de suite de la différence énorme de prix qui existe entre les produits français et les autres, et je comprends que le marché de Khâti soit un des mieux achalandés du Soudan, au détriment de notre colonisation nationale.

Bien que la salubrité de cet endroit en ait fait une station de convalescence pour nos malades, je me sens mal à l'aise, comme en pays étranger. Aussi, fais-je seller mon cheval après la sieste, impatient d'arriver au terme de cette dure traversée du Bélédougou, où, seule, l'oasis de Dalikébafata mit un dimanche dans des jours de semaine.

Les lougans cessent à la sortie du village pour faire place à un sentier caillouteux qui monte par à-coups vers le sommet du thalweg. Un dernier marigot, issu du plateau rocheux, se précipite vers la plaine, sillonnée, comme un ruban de soie blanche, par le cours limpide et calme du Niger.

C'est l'évocation d'un grandiose poème de Leconte de Lisle, emplissant l'âme d'admiration, même d'un peu de crainte. On hésite une seconde à s'aventurer dans cet inconnu, puis, attiré quand même, on hâte le pas, impatient de sensations nouvelles, vers les berges.

A mes côtés, derrière les masses ferrugineuses, caquètent les poules de rochers au cri désagréablement aigu.

Le toit de zinc du fort de Bammako met dans l'air sa tache gris-argent où éclatent les trois couleurs du pavillon national. Je galope entre deux haies de flamboyants aux fleurs écarlates, et c'en est fait de la brousse aride et sèche qui anémie la pensée, étiole les sensations.

Tandis que Mahmadou procède à l'installation de mon campement, je vais jusqu'au bord du fleuve, à quelques centaines de mètres, et, dans le creux de la main, je me désaltère avec délices de cette onde claire qui est pour moi comme les flots d'un Léthé tropical.

En cet instant, je ne me souviens plus de rien. Les souffrances des étapes sous la chaleur, la tristesse des nuits mornes, où le sommeil ne clôt les yeux qu'à demi, les incertitudes de l'avenir et les désespérances du spleen, tout a disparu. A moitié route du pénible voyage, il me semble qu'une vie nouvelle va commencer pour moi, et que ce soleil, qui maintenant s'enfonce doucement dans les montagnes de l'Occident, n'est pas le même qui, à l'aube prochaine, surgira des flots enchantés.

En route pour Siguiri, des chalands passent dans la nuit tombante, découpant, sur la transparence de la surface, la silhouette des bosos dont la trompe rustique, corne d'antilope percée d'un trou, jette dans l'ombre les appels de la halte du soir.

Là-bas, loin derrière l'horizon, sommeille la ville mystérieuse vers laquelle je voguerai demain ; une confiance nouvelle se lève en moi sur la cendre de mes désillusions mortes.

LE LION

XII

LE LION

A Henry Caen.

Le Niger endormi déroule ses flots calmes
Sous l'Océan vermeil du ciel incandescent,
Et la brise sans bruit fait s'incliner les palmes
Vers la rive au reflet vague et phosphorescent.

La terre se repose après l'effort immense
Que le jour la força de donner au soleil,
Car elle est lasse enfin, puisqu'elle recommence
Chaque matin, après l'éphémère sommeil.

Son dur labeur de mère aux étreintes sans trêve
Du maître insatiable en sa soif de baisers

L'épuise, et c'est en vain que la nuit elle rêve
D'aurores sans amour, de désirs apaisés.

Fleurs et bêtes, il faut que toujours elle enfante
Dans l'angoisse éternelle et la douleur sans fin,
Et c'est, dans sa splendeur de vierge triomphante,
Un râle qui la livre à son maître divin.

Puis, c'est l'orgueil aussi de voir dans sa lignée
Les animaux puissants qui vivent de son lait,
Et c'est pourquoi, le soir, docile et résignée,
Elle donne sa vie au suprême reflet.

Car, tels que des enfants insoumis et farouches,
Les fauves vont rôder le long de ses flancs nus,
Vers sa mamelle noire ouvrant leurs larges bouches
Ils aspirent sans cesse aux festins inconnus.

La gazelle fragile et le cobra robuste
S'écartent en tremblant des passages frayés,
Et, tapis sous l'abri tiède de quelqu'arbuste,
Ils ouvrent dans la nuit leurs grands yeux effrayés.

Soudain, dans le silence obscur de l'ombre pâle,
Un murmure incertain agite les buissons ;
La femelle inquiète interroge le mâle
En marchant sur ses pas avec de longs frissons.

Car tout là-bas parmi l'inconnu de la brousse
Le lion s'est levé — puis, reniflant le vent,
Et secouant les poils de sa fourrure rousse,
La gueule entre-bâillée, il s'éloigne en rêvant.

Voici qu'il s'accroupit près d'un baobab sombre
Pour guetter le gibier que l'épouvante mord,
Ses yeux semblent, ainsi que deux phares, dans l'ombre
Éclairer le chemin qui mène vers la mort !

Puis, quand il a choisi la gazelle craintive
Qui ne peut plus dès lors échapper à sa dent,
Le lion famélique à sa chanson plaintive
Répond en miaulant dans un rire strident !

Hélas ! Elle essaiera, l'innocente victime,
De fuir quelques instants sous le taillis couvert ;
Comme chez les humains il faut payer la dîme,
Elle est l'impôt du sang des bêtes du désert.

Et les rugissements de la bête superbe
Devant qui toute vie animale s'enfuit,
En se mêlant au vent qui courbe les brins d'herbe
Dans son premier sommeil ont éveillé la nuit !

LA TORNADE

XIII

LA TORNADE

A Bertrand Millanvoye.

Juillet : l'hivernage. Tout le jour le thermomètre a marqué quarante-cinq degrés de chaleur. Êtres et choses se mettaient à l'abri. Puis, vers le milieu de l'après-midi, la température est devenue lourde, écrasant le front sous le casque de liège. Le thermomètre a baissé en même temps que montait l'hygromètre, et voici que dans cette atmosphère surchauffée, que surplombe l'immobilité du ciel, la respiration s'arrête. Bêtes et végétaux halètent, muets parmi le calme, comme si, dans les exhalaisons du sol absorbées par le soleil, s'envolait une partie des forces vitales.

On dirait une anesthésie complète de la nature.

Cependant, à l'Est, vers l'horizon, à l'extrémité de la terre aride, un point noir a surgi dans la ligne bleue.

De minute en minute, puis de seconde en seconde, le voici qui grossit en formes fantastiques, tantôt lion, tantôt lézard, emplissant l'espace de sa monstruosité menaçante.

Sous un souffle léger les feuilles s'agitent; le souffle devient tourbillon, les ramures craquent et se plaignent sous l'étreinte du vent.

Le large coup d'aile de l'aigle fait ployer le rameau où s'est posé le nid du petit oiseau des bois : tel, dans sa course furieuse, l'ouragan fait se courber les baobabs géants et les fromagers robustes. Le bois dur des arbres de la brousse résiste, mais l'ajonc frêle qui borde les marigots se courbe, et baigne sa tête dans les flots tumultueux agités par l'orage.

Les oiseaux sont blottis dans les brins

d'herbe, les crocodiles au fond des cours d'eau, la tempête passe, et au coup de vent succède la trombe.

En flaques énormes, comme à seaux, elle inonde le sol desséché. C'est pendant un long temps comme si l'on vivait au fond d'un fleuve, tandis que sous la fraîcheur les battements du cœur reprennent leur cours normal, délivrés d'une oppression immense.

L'eau s'écroule, ravinant les sentiers et les berges, et le verdoiement des feuillées s'anime sous cette régénération momentanée.

Puis, brusquement tout s'arrête. La tornade a passé. Le soleil incandescent reparaît à la place que lui indique l'heure du jour, et affirme à nouveau sa puissance, comme s'il venait de s'absenter quelques instant par delà l'infini.

Les marigots remplis écoulent bruyamment le trop-plein de leur vie vers les issues prochaines, et, peu à peu, le ciel reprend à la terre éternellement assoiffée l'aumône qu'il vient brutalement de lui faire.

Êtres et choses rentrent dans l'immuable lumière, ainsi que des noyés qu'on vient d'arracher à la mort; là-bas, dans un coin de la brousse, une gazelle secoue son poil humide en léchant le brin d'herbe que la chaleur revenue n'a point encore tari.

LE CHEF DE SALLA

XIV

LE CHEF DE SALLA

Au Maître Gérôme.

Comme je quitte Bammako pour aller prendre mes chalands en aval des roches de Sotuba, un officier du poste, vétéran du Soudan, me jette, déjà en selle, ces mots avec une pointe de raillerie :

— Puisque vous passez par Salla, tâchez donc de griser le chef du village. Si vous y parvenez, je paie le champagne à votre retour.

De Bammako à Toulimandio, point actuel d'embarquement des chalands du Niger vers Tombouctou, le chemin serpente, le long de la berge, à travers des lougans de mil et de maïs, coupé par des marigots verdoyants, et volontiers on évoquerait le souvenir des vallons du Poitou, si l'on n'avait encore présente à l'esprit la stérilité des pays qu'on a traversés pour arriver au fleuve.

Le gibier abonde : gazelles, perdrix, pintades, merles bleus, foliotocoles au plumage éclatant se lèvent sous les pieds de mon cheval, dispersés par la peur, des buissons de mimosas qui bornent les cultures.

A peu près au milieu de l'étape, un ruisselet où l'eau coule toute l'année tente ma fatigue, et c'est avec un regret que j'abandonne le confluent de ce nain absorbé par un géant, pour gagner le gîte où je dois dormir ce soir.

Un bouquet d'arbres au loin m'annonce le village de Salla. Au lieu des toitures pointues des cases que j'ai rencontrées depuis Saint-Louis, voici déjà les spécimens de l'architecture du Niger. Maisons en pisé, avec couverture en terre battue ne formant pas terrasse, aux formes rectangulaires, remplaçant l'habitation concentrique; des rues inégales établies par la juxtaposition des cases, cela met à l'œil du voyageur un peu d'inédit, qui rompt la monotonie du déjà vu.

Aussi, absorbé par l'étude de cette vision nouvelle, ne songeais-je plus du tout à la recommandation de mon ami le lieutenant, lorsque le chef du village, un vieillard d'environ soixante ans, vint prendre ma monture par la bride pour me conduire à la case des hôtes.

A peine ai-je mis pied à terre qu'il s'incline respectueusement devant moi, et, souriant de sa bouche édentée, me bafouille :

— Enissagué! Dolo toubab, acagni! Enissagué! (*Merci! le vin des blancs est bon! merci!*)

C'est mon ivrogne et je vais me mettre en demeure de lui payer largement son hospitalité.

Au contraire du musulman, qui n'absorbe aucun alcool, sous quelque forme que ce soit, le Malinké, le Mandingue, et en général toutes les populations fétichistes, en font autant d'abus que les circonstances le leur permettent. C'est là d'ailleurs une des raisons primordiales de la supériorité colonisatrice de l'Angleterre sur nous. L'eau de feu des romans de Fenimore Cooper est certainement un des agents commerciaux les plus puissants de nos voisins d'outre-Manche au milieu des peuples incivilisés et sans religion policée de la côte occidentale d'Afrique. M'étant ravitaillé chez le traitant de Bammako, mes cantines sont à peu près au complet, et je puis me permettre d'essayer la puissance de nos liquides sur un estomac de *bougnoul* (terme ouoloff pour désigner les aborigènes du Sénégal et du Soudan).

Ma table montée et mes caisses mises en ordre, j'invite le vieux bonze, qui n'a pas quitté un instant des yeux le déballage de mon convoi, à prendre l'absinthe avec moi.

Et Mahmadou, souriant de ses dents blanches, apporte un verre pour moi et pour l'autre un vaste pot à confiture vide, qui, la plupart du temps, remplace la cristallerie au Soudan.

Tandis que, modérément je me verse un Pernod léger, je remplis à bord le vaste récipient de mon hôte, presque un demi-litre, croyant qu'il va le partager avec son nombreux entourage. Mais je n'ai même pas le temps de replacer le bouchon sur la bouteille que déjà ce sauvage a d'un trait absorbé le contenu du pot aux confitures, en claquant de la langue sur les lèvres d'un air satisfait, et répétant à plusieurs reprises :

— Acagni ! Acagni !

Puis tout de suite, tandis que je déjeune, c'est une bouteille de vin, de l'amer, du cognac, des mélanges d'absinthe, de vin, d'alcool et de sirop que mon domestique s'amuse à lui donner en me disant :

— *Laisse donc! Lui y a jamais soûl!*

Enfin, deux litres de liqueur absorbés, sous toutes les formes, il se lève et se dirige vers sa case pour la sieste. Mais à peine a-t-il fait quelques pas qu'il tombe assommé sous le soleil.

— Laisse-le, me dit Mahmadou, qui voit que je m'inquiète. Faire signoro (*dormir*) et saoûler encore après !

Je croyais avoir gagné le champagne du lieutenant, mais j'avais compté sans mon hôte !

Vers le soir, une tornade effroyable passait sur le village. Tandis que chacun cherchait un abri, mon ivrogne dormait tranquillement sous les trombes d'eau, et, l'orage passé, revenait, rasséréné par cette pluie bienfaisante et complètement dégrisé, me présenter ses devoirs au coucher du soleil :

— Enissagué! Dolo toubab! Enissagué!

Le lendemain, en reprenant ma route, je songeais encore à cet être humain, que le moindre travail aurait tué, et qui résistait, sans fatigue, aux pires agents de destruction de notre organisme.

Comment civiliser ces races, puisqu'elles commencent par s'acclimater à tous nos vices et ne sauraient s'assimiler nos vertus, je veux dire l'honnêteté et le travail?

AU NIGER

XV

AU NIGER

A Jean Frédal.

Avant l'aube, au milieu de l'hésitation du brusque réveil, mon chaland s'est mis en route sur le fleuve uni et calme. Je sommeille encore, étendu sous la paillotte, tandis que mes bosos (1) s'étirent, lourds encore du couss-couss de la veille. Le jour vient à peine et la fraîcheur de la nuit épand sur la surface du

(1) Les bosos, de même que les Somonos, forment une confrérie de pêcheurs, où toutes les races et religions peuvent se trouver représentées. C'est une sorte de franc-maçonnerie, avec des lois spéciales, chargée d'approvisionner et de transporter les populations riveraines.

fleuve une brume légère. Puis, soudain la lumière éclate et mon équipage salue l'aurore d'une chanson joyeuse, au refrain fréquent et traînard. Le fleuve m'apparaît alors dans toute sa splendeur. Les rives, lointaines au regard, semblent recéler derrière leur rideau de verdure étique le mystère infini de la brousse, et seul l'appel des aigrettes au plumage blanc signale là-bas l'existence de la vie. Le long du chaland passent, silencieux, des vols de canards et de pélicans; droits sur leurs pattes, les flamants roses attendent la proie du repas matinal.

Le soleil monte. Le chant de mes bosos s'est tû, et leurs perches ou leurs pagaies, suivant que le fleuve est plus ou moins profond, scandent seules l'effort continuel de leurs muscles d'ébène. La nappe d'eau s'étend là-bas, à perte de vue, vers l'horizon plat, que tache à peine le panache de quelques rôniers isolés; et lorsqu'un banc de sable nous oblige à nous rapprocher des buissons de tamarins qui bordent le fleuve, c'est pour troubler la quiétude de quelque antilope en train de boire, ou d'une bande de singes qui disparaissent en bruissant dans le fourré impénétrable.

Soudain, à un des coudes du Niger, j'aperçois au loin le tata d'un village. Le mur de pisé met sa tache grise et rose dans le soleil, estompée par plaques de l'ombre des baobabs, dont les rameaux puissants s'étendent largement sur les maisons basses, aux terrasses unies. A la vue de mon chaland, une fourmilière grouillante s'anime sur la rive, s'étageant pittoresquement sur la pente abrupte. Sous son boubou blanc, le chef du village m'attend près de son marabout, au milieu de ses fils et de ses notables, pour me saluer ; le bétail s'arrête un moment, hésitant et dressant l'oreille, et le vol majestueux des cigognes monte vers le ciel, inquiet et apeuré.

Au bord de l'eau, vautrés dans le sable doré et caressés par le courant, les enfants s'ébrouent au plein soleil, dans l'espoir qu'à mon passage je leur jetterai quelque aumône, un biscuit, du sucre, voire une pièce de monnaie. A peine l'objet a-t-il touché le flot que, telles les grenouilles au bord d'un étang, toutes ces taches noires ont disparu pour remonter à la surface en bataillant autour de leur butin.

— Attention ! me dit alors le chef de mes bosos, là y a pas bon, beaucoup crocodiles. Mauvais pour gourguis (*enfants*).

Bien que nous soyons tout près du village, l'endroit est, paraît-il, dangereux, et, en effet, à peine mon pilote a-t-il dit ces mots qu'un autre de mes hommes me crie, de l'extrémité du chaland :

— Marfa! Marfa! (*fusil! fusil!*) indiquant du geste à quelques brasses de nous le dos gris d'un énorme crocodile se laissant paisiblement glisser, la tête à fleur d'eau, au courant. Le temps de saisir mon fusil, et de loger une balle dans la tête de l'animal, et voici que la bête s'agite désespérément en secouant des battements de sa queue l'eau déjà rouge, puis coule dans un dernier remous.

Des cris de victoire s'élèvent de toutes parts, et tandis que mon équipage se hâte vers l'endroit où le monstre a disparu, les gens du village, enfants, vieillards, et même les femmes, se précipitent pêle-mêle dans leurs pirogues, au risque de chavirer, pour aller amarrer la proie dont ils vont faire leurs délices. Heureusement le fleuve là n'est pas profond et, au bout d'un quart d'heure, j'ai le plaisir de voir amener à terre un crocodile de plus de six mètres. Les ménagères battent des mains en m'entourant, et le vieux chef vient s'accroupir devant moi en me criant, des larmes de joie dans ses yeux chassieux :

— Enissagué ! Enissagué !

Des rires, des chants sillonnent les ruelles du village, et tandis que mes hommes procèdent au dépeçage du saurien, les griots du village viennent s'asseoir en cercle auprès d'eux, leur tam-tam ou leur cora (instrument à cordes ayant comme table d'harmonie une calebasse recouverte de peau de mouton) entre les jambes, et excitant au travail, en chantant les louanges et vantant l'adresse du « toubab » (*blanc*), ces étaliers primitifs. Les femmes sont rentrées dans leurs cases, et de tous côtés le bruit des pilons dans le mortier annonce qu'il y aura ce soir cousscouss de fête.

Les feux s'allument et les petites filles accourent au fleuve pour y quérir de grandes canaries d'eau où bouillira tout à l'heure le pot-au-feu soudanais. Mon équipage me demande, pour profiter de l'aubaine, à déjeuner au village, et tandis que les enfants me regardent curieusement nettoyer mon fusil, avec plus de respect que de terreur, je partage sincèrement la joie de ces bons noirs pour qui la vie sociale se résume en deux mots : Manger, dormir!

Le repas terminé, je repars sous une chaleur de plomb, salué par les vœux de bonne route des femmes joyeuses, qui, le corps à moitié dans l'eau, sont venues faire leur toilette. Leurs torses noirs émergeant du fleuve, dont les ardeurs blanches du soleil semblent faire un lac de mercure, les font ressembler à des naïades de bronze, et malgré soi on songe au Bassin de Neptune! Quelques-unes, parmi les jeunes filles, sont superbes. Les seins droits et fermes, les épaules rondes et parfaites feraient envie à plus d'un statuaire, et on en arrive à contempler ces femmes comme on contemple la Beauté. Mais pour celles qui ont passé vingt-cinq ans, et dont la maternité a flétri les formes, elles donnent l'impression de caricatures de l'humanité.

Au balancement rythmé du chaland, les heures chaudes s'écoulent. Les rives sont désertes, l'eau immobile, sans un souffle d'air, et c'est avec une sorte d'angoisse qu'on attend la nuit. Peu à peu le soleil s'incline et déjà quelques brises lentes rident l'étendue immuable. Nous voguons maintenant entre des berges stériles, avec, de chaque côté, l'immensité. Seule, là-bas, très au lointain, la silhouette des baobabs nous signale le village où nous nous arrêterons ce soir, un village de bosos, me dit mon pilote.

A la tombée du jour, une odeur nauséabonde commence à venir jusqu'à nous et nous annonce qu'en effet nous approchons d'un village de pêcheurs. Sur le sable, devant le tata, des centaines de poissons finissent de sécher au soleil, le ventre ouvert, exhalant une odeur infecte qu'on peut à peine supporter.

Et cependant c'est là la principale ressource des habitants de Niger. Les pêcheurs, avec leurs longs filets en fil de coton, vont prendre au fleuve les poissons de toutes sortes que leurs femmes feront ensuite sécher sans autre préparation que l'ardeur du soleil. Puis viendront les dioulas, avec leurs bourriquots chargés de grains et de cotonnades, qui échangeront le poisson pour le porter ensuite vers l'intérieur, lorsque les marigots taris auront privé les villages de cette ressource indispensable.

Les bosos pratiquent l'hospitalité de la façon la plus large ; aussi, malgré mon désir d'aller camper plus loin hors de ces émanations malsaines, me vois-je dans l'obligation de céder aux sollicitations du chef de village, qui me prie de passer la nuit chez lui, d'autant que mes hommes ont emporté de larges morceaux de crocodile et qu'ils pourront royalement payer les gracieusetés qui nous sont faites.

Le soleil disparaît à l'occident dans les eaux rosies par ses derniers rayons, mettant dans l'atmosphère du couchant l'embrasement radieux d'un immense incendie. La fumée des cases monte lentement dans le ciel calme et la lumière de mes deux flambeaux se reflète dans le Niger, en même temps que les premières étoiles.

Mes Somonos se sont assis autour d'une vaste calebasse de cousscouss, et racontent aux gens du village le coup de fusil du matin. Je suis l'objet des regards d'admiration de l'auditoire, et soudain les griots, après s'être concertés, s'en vont vers le village, pour me préparer une surprise, m'affirme mon domestique Mahmadou. Bien que me doutant de la surprise, je feins de ne pas comprendre, et la joie de mes hôtes s'en accroît, lorsqu'après mon repas retentit, sur la place aux palabres, l'annonce d'un tam-tam donné en mon honneur.

Les femmes ont revêtu leurs plus beaux pagnes, assemblage bizarre et parfois harmonieux des étoffes du Macina, et les hommes, drapés royalement dans leurs loques de guinée bleue ou blanche, viennent s'incliner devant moi avec des gestes bibliques. Le cercle se forme, les griots prennent place et le bal est ouvert. C'est d'abord une jeune fille d'une dizaine d'années, déjà femme, dont les seins provocants semblent, sous la clarté des étoiles, appeler les sensations de l'inconnu. Puis la femme d'un griot, ridiculement accoutrée d'étoffes voyantes et de bijoux de cuivre ou de plomb, dont les contorsions déréglées, souvent obscènes, succédant aux gestes graciles de la vierge, excitent les rires et les applaudissements des spectateurs. Sous la lune, la fête se prolonge bien avant dans la nuit, et j'ai regagné mon chaland depuis longtemps que les mélopées du tam-tam troublent encore le silence.

Puis, brusquement, tout bruit cesse. Les familles ont regagné leurs cases, où elles vont se partager les sacs de cauris (*coquillages servant de monnaie*) que je leur ai distribués en remerciement de leur bon accueil.

Durant plusieurs jours, plusieurs mois peut-être, il sera question du « toubab » autour de l'arbre aux palabres ; et quand d'autres passeront après moi, on leur montrera comme un lieu de pèlerinage la place où j'ai dîné, en racontant, avec une exagération de détails digne des enfants qui ont vu quelque chose pour la première fois, mon heureux coup de fusil du matin.

L'heure du repos est venue, car sous les tropiques les heures de sommeil sont toujours trop brèves. Le long des rives, tout est calme. De place en place, les hippopotames quittent leurs retraites humides pour aller paître dans la brousse, écrasant de leurs pas lourds les escarpements des berges.

Et, de là-haut, du ciel éternellement pur, tombe lentement une pluie d'étoiles vivantes et radieuses qui semblent venir reposer quelques heures, mollement, dans le calme mystique du fleuve royal des Esclaves !

LA TABASKI

XVI

LA TABASKI

A Émile Saint-Blancard.

Entre les berges rousses, où quelques rares buissons gris de lumière abritent le sommeil de crocodiles monstrueux, semblables, par leur couleur et leur immobilité, à des troncs d'arbres échoués, la descente du Niger se poursuit, monotone. Sous la paillotte chaude du chaland, argentée par le miroitement du soleil dans le fleuve, je halète au milieu de l'implacable sérénité de l'atmosphère, et c'est avec une joie d'enfant que j'entends au matin mon pilote saluer le village, tache blanche à l'horizon :

— Ségou ! Ségou !

Nous arrivons, en effet, à la ville musulmane du conquérant El-Hadj-Omar, dernière résidence d'Ahmadou, abandonnée sans coup férir voici quelques années.

Le pavillon aux trois couleurs flotte sur le palais du farouche prophète, et la silhouette inégale du tata, qui se dessine dans la lumière m'apparaît comme un port où je vais quelques heures désapprendre la solitude.

Les pélicans et les canards peuvent s'ébattre à l'aise au milieu du fleuve, les oiseaux de paradis sautiller dans les maigres arbustes de la rive ; mon regard se perd là-bas vers ce point isolé de la brousse où je vais m'entendre accueillir dans la langue aimée de ma patrie.

L'équipage semble radieux, mais ce n'est pas le repos qui l'attire. Nous sommes dans la lune de juin, et c'est demain la Tabaski, la Fête musulmane du Mouton, qui est au Cauri ce que la Pentecôte est à Pâques. Trois jours les réjouissances vont durer, et comme mes gens comptent bien sur ma curiosité pour me retenir à Ségou, ils se hâtent d'y arriver.

Le palais monumental se dresse au bord du

fleuve, dominé par un minaret, et sur l'ergamase se profilent deux petits canons de bronze que garde la chéchia rouge d'un tirailleur noir.

Lorsque je saute à terre, les enfants et les femmes me regardent curieusement, et je remarque tout d'abord que chacune de celles-ci est accompagnée d'un mouton gras et propre au poil court, les bêtes à laine étant fort rares au Soudan. L'animal suit sa maîtresse comme un caniche, et, lorsqu'elle s'arrête, pose sa tête le long du pagne, avec une caresse. Des moutons en guise de carlins, cet imprévu ne laisse pas que de surprendre, mais l'étonnement s'accroît lorsqu'on connaît le sort réservé à ces favoris.

Car demain, à l'aube, ces fidèles, ces choyés, qu'on a entourés de soins, seront immolés, et leur gorge brutalement coupée laissera ruisseler sur le poil immaculé un flot de sang tiède voué à Allah. Après cela, je sais bien qu'il n'en va pas autrement chez nous, et que le veau qu'on caresse à la ferme est autant digne de pitié. Est-ce la magie du milieu, est-ce le vague rapprochement que la pensée du voyageur fait instinctivement entre l'être humain primitif qu'est la femme noire, et l'animal dont l'intelligence va jusqu'à la reconnaissance, mais il m'a semblé qu'il y avait en moi comme un peu de révolte contre ces mœurs où l'égoïsme tient plus de place que la nécessité ?

Accueilli par les officiers du poste, je m'installe dans une partie retirée du palais, anciens appartements de la mère d'Ahmadou, à l'endroit même où se trouvait le trésor tant convoité par la colonne expéditionnaire de 1890. Aujourd'hui, hélas ! la pièce que j'occupe empoisonne l'iodoforme. Un de mes compatriotes est mort là ce matin, et après les obsèques on n'a pas eu le temps de désinfecter l'*immeuble*.

J'ai dormi cependant, sous la galerie, en plein air, et c'est avec le tamtam de la Tabaski que je m'éveille au petit jour. Déjà des groupes nombreux émaillent de boubous voyants la place du marché, jusqu'aux maigres arbustes du cimetière, le long du marigot à sec. C'est l'heure de la causerie, tandis que dans les maisons les ménagères procèdent aux derniers préparatifs de la fête. On se croirait, — avec un peu d'imagination — devant l'église d'un village de France, pendant la messe, alors que l'heure de l'estaminet n'a point encore sonné.

La matinée, puis la sieste, s'écoulent ainsi en longues flâneries, ces grands enfants tenant à faire chatoyer dans la clarté la resplendissante propreté de leurs vêtements bibliques.

Le soleil descend, la place s'anime. Les femmes, au retour du fleuve où elles ont racassé les calebasses pour le repas du soir, se hâtent vers les cases, d'où elles ressortent bientôt parées de leurs plus beaux atours. De lourds bijoux de cuivre et d'argent, d'or chez quelques-unes, cerclent leurs chevilles où pendent sur la gorge tombante. Les cheveux, tressés en casque et imprégnés de beurre de Karité, sont semés de coquillages et de verroteries.

Dans un coin de la place, à l'angle du palais, l'orchestre des griots s'est accroupi devant les balafonds (1) et les coras aux cordes harmonieuses et le cercle se forme où vont se succéder les danses.

(1) Instrument en forme de clavier dont les lamelles de bois résonnent sous des baguettes terminées par une boule de caoutchouc.

Le premier, un griot, bizarrement accoutré d'un vêtement de longues herbes pendantes qui ondule sur les reins comme une jupe de danseuse, et surmonté d'un vaste chapeau orné de plumes droites en couronne, agite de ses pieds nus la poussière brûlante. Au fur et à mesure que les musiciens accélèrent le rythme, tandis que le chœur des femmes se renvoie de l'une à l'autre extrémité du cercle les strophes d'un chant discordant, le danseur s'agite avec des exclamations sifflantes, et roulant des yeux féroces sur l'assistance qui l'admire et l'excite.

Il tombe enfin, épuisé de fatigue autant que de folie. C'est au tour d'un guerrier à faire tournoyer autour de son cou, de ses reins, de ses cuisses, la lame nue de son sabre. Ce simulacre de combat corps-à-corps est salué d'unanimes cris de joie, et plus les mouvements du danseur sont déréglés et inutiles, plus l'allégresse redouble.

Maintenant, de l'intérieur de la ville, un cortège s'approche. Portée sur les épaules de quatre hommes comme sur un pavoi, une jeune fille à peine nubile s'achemine vers le bal, précédée de son père et suivie d'une foule nombreuse de compagnes et d'enfants. Le père est un vieux griot très renommé, dépositaire des coutumes de fêtes malinkées. Devant lui marche un jeune garçon qui tient dans ses bras une statuette de bois, sorte d'idole nue, dont les détails exagérés évoquent, comme dans l'ancienne Grèce, le culte du dieu Priape. Lorsque le cortège est arrivé, le vieillard s'assied devant les griots et place devant lui l'emblème consacré.

La jeune fille commence le célèbre pas de la danse du Bengala, si appréciée des noirs. Et dire que je connais des gens qu'ont révoltés chez nous les quadrilles de la Goulue et de Grille-d'Égout !

Cependant, ces naïfs trouvent cela tout naturel, et les gamins ne sont pas exclus de ces cérémonies quelque peu décolletées. Je ne sais si le milieu porte à l'indulgence, mais il ne m'a pas paru une seconde que cela fût obscène, ces simples considérant l'amour comme le moyen de reproduction dont toute excitation cérébrale est absente.

D'autres jeunes filles sont venues se grouper

autour du « premier sujet », et c'est maintenant une ronde autour de la divinité grotesque par sa forme, sublime par sa puissance.

Déjà monte vers le ciel la fumée des foyers où bout le plat national. Mais ce soir le pot-au-feu sera meilleur, puisque, sans remords et même avec une volupté gourmande, les ménagères ont fait égorger dès l'aurore le fidèle compagnon de leur vie, le pauvre mouton favori, dont c'est aujourd'hui la fête !

Autour de la table du poste, où nous deviserons de la France, des nôtres, de nos espoirs, le dîner m'a rapproché de mes hôtes. Par la large baie qui donne sur le fleuve, je vois lentement le ciel s'assombrir, puis se tacher de points lumineux, et c'est d'une oreille vague que j'écoute voltiger les conversations éparses. On cause de campagnes, d'expéditions. On escompte une révolte de noirs dans le Minianka, pour se précipiter, comme à la curée, sur ces populations éternellement asservies qu'un jour de fête réjouit parce qu'il paie des semaines d'angoisses.

Certes, ce guerrier qui tout à l'heure grimaçait avec son sabre ne saurait effrayer personne, et, pour venir à bout de tous ces primitifs, il me semble que nous aurions pu éviter la large trouée sanglante qui nous a rendus maîtres du pays.

Dans mon sommeil, un rêve passe. Le Français est devenu nègre, le guerrier, mouton, et la Tabaski une fête de chaque jour !

LE RETOUR DE SAMORY

XVII

LE RETOUR DE SAMORY

A Charles Friedlander.

La première tornade a ravagé la brousse asséchée par la saison chaude. Les pluies vont bientôt remplir les marigots, couper les routes, et l'Almamy songe à regagner sa résidence pour s'y mettre à l'abri de l'hivernage. Il n'a pas, d'ailleurs, à se plaindre, car la campagne fut fructueuse. Soixante villages brûlés et anéantis, un gros butin en céréales, des bijoux, de la poudre et des munitions, des troupeaux, et, encadrées par son armée de sofas, des centaines et des centaines de captifs que les dioulas viendront bientôt troquer contre les richesses d'Europe.

C'est pour Samory l'époque des vacances; il se sent las, car il n'est plus jeune et songe à céder le pouvoir à l'un de ses fils. Mais lequel?

Tandis que l'Almamy chevauche, au pas monotone et régulier de son petit étalon du Macina, à la queue rougie de henné, il les passe mentalement tous en revue, ces cent cinquante héritiers, dont un bon tiers déjà est mûr pour la couronne.

Qu'adviendra-t-il du choix qu'il aura fait? Celui qu'il aura préféré sera-t-il de taille à assumer la lourde tâche de faire vivre une armée sur un pays déjà dépeuplé et à tenir ses frères en tel respect qu'aucun ne puisse porter atteinte à l'automonie du pouvoir royal?

Sera-ce Karamoko? Sera-ce Sarankény-Mory, le Benjamin de cette nombreuse lignée? Le vieux conquérant hésite, et son hésitation va de l'un à l'autre, inquiète. Le soir, lorsque le bivouac réunit les chefs sous l'arbre aux palabres, l'empereur noir écoute, à la mode malinkée, sans avoir l'air d'entendre les propos de chacun, tâchant de surprendre, au hasard de la conversation lente, une idée, un geste qui lui fasse dire :

— Celui-là seul sera le maître !

L'incertitude trouble son sommeil, et un nuage de souvenirs vient obscurcir sa pensée. Tout entier, le passé se lève devant ses yeux comme un songe, et il revit les primes années et les anciennes souffrances.

C'est d'abord l'époque lointaine, où, vêtu seulement d'une amulette attachée avec une ficelle autour du cou, il courait, fils d'un pauvre dioula en marche, à travers la brousse, à la poursuite des perruches et des singes pillards, s'abreuvant à l'eau tiède des marigots, le bronze de la peau prenant des tons de vieux étains sous la morsure du soleil.

Puis, sa mère emmenée en captivité, les longs jours d'esclavage sous un maître inclément et de mauvaise foi qui, après avoir accepté le fils en rachat de la mère, les gardait tous les deux prisonniers. Ensuite ses premières armes, avec la volonté de grandir et de se venger. A la manière des empereurs de la décadence romaine, Samory conquiert un à un tous les grades de la hiérarchie noire, et s'élève, sur des hécatombes humaines, au rang de favori de son maître. Enfin, assez puissant d'intelligence et de bravoure, il joue au centre de l'Afrique les Napoléon, et devient en un jour le souverain d'un peuple dont il fut l'esclave.

Ce vagabond superbe commence alors, des sources à l'embouchure du Niger, le long pèlerinage, lion qui conduit à la curée un troupeau de loups, razziant tout, tuant les hommes et les vieillards, violant les femmes, capturant les enfants, et laissant derrière lui, dans ce sol stérile, un fleuve infécond de sang humain.

L'Almamy s'éveille. De toutes ces visions envolées, il ne lui reste au cœur qu'un doute amer, mêlé d'un immense orgueil auquel seront immolés demain les vaincus de la veille.

Car, voici qu'on arrive aux portes de Sambatiguila, où le souverain prendra ses quartiers d'hiver. Il veut, pour consacrer sa gloire, faire une rentrée digne de lui dans la résidence royale.

Les griots l'entourent, hurlant vers le ciel, en des couplets sauvages, les louanges du plus puissant des rois. A tous les coins de la brousse éclatent des détonations et des cris d'allégresse, cependant que, résignés au sort qui les condamne, les prisonniers de guerre, en longue file lasse, contemplent de loin les murs de pisé du village qui sera leur tombeau.

La blancheur des boubous, la pourpre des chéchias crèvent les flots de clarté du ciel, et un nuage de sable se lève sous le galop des enfants joueurs, dont ce jour de fête anime le large rire perlé de dents d'ivoire.

Les parois des cases vibrent au bruit sourd des pilons qui broient le cousscouss, tandis que les femmes se renvoient en cadence, en claquant des mains, les refrains de leurs mélopées joyeuses. Le dolo fermente dans les canaries de terre rouge, une odeur d'abeilles monte dans l'air, avec des relents de foin coupé.

Le chef du village est venu à la rencontre de l'Almamy, et guide sa monture vers le palais, où tout est prêt pour recevoir le maître.

Samory descend de cheval et pénètre sous la porte basse de l'entrée. Après un long couloir sinueux, il débouche dans la cour intérieure, à l'extrémité de laquelle un escalier monumental conduit aux appartements royaux. Lentement, Samory traverse l'espace ensoleillé et arrive devant sa demeure.

Là, sur chaque marche, agenouillé, un prisonnier dresse vers le maître un visage immuable où les yeux blancs sont pleins d'un immense mépris. Derrière chaque victime, un sofa, le sabre court des Mandingues nu à la main, attend, le regard étincelant de joie. A chaque degré que gravit l'Almamy, une tête tombe et un flot rouge s'éparpille en longues rigoles vers le sol altéré du palais.

A la dernière marche, vingt têtes ont roulé au bas de l'escalier, sans que Samory ait daigné une fois se tourner vers une seule de ses victimes pour lui faire grâce.

Majestueusement, il a franchi le seuil de son appartement, et là, assis sur un lit bas tressé de bambous, il reçoit les compliments de ses vassaux, tandis que, dans les autres pièces de la demeure, ses fils et ses lieutenants racontent aux curieux les prouesses de la dernière campagne.

L'heure des cousscouss est venue. On prend

congé du souverain jusqu'au tam-tam du soir, car nul ne doit assister au repas que serviront deux captifs fidèles. Lorsque l'Almamy se lève et regagne les cours intérieures, les réjouissances commencent. Les tambours de bois résonnent, les danses tournoient, tant qu'épuisés de fatigue ou ivres de dolo, les corps des danseurs s'amoncellent de ci et de là, au hasard des chutes, dans des poses ridicules, parfois obscènes.

Et, tout près, sous les rayons clairs de la lune, les flaques rouges s'absorbent lentement dans le sol, où le soleil ne les retrouvera plus demain. Samory, retiré dans son harem, auprès d'une de ses femmes, reconstituera dans le plaisir une partie infinitésimale de ce qu'il a détruit.

LE PREMIER ACCÈS

XVIII

LE PRÉMIER ACCÈS

Au docteur G. Treille.

C'est pour vous, mon cher docteur, que je veux évoquer ce désagréable souvenir, pour vous à qui je dois d'être sauvé de ce terrible microbe de la bilieuse hématurique, fièvre jaune du Soudan, qui a ravagé et détruit tant de vies humaines!

Après un mois de marche dans la brousse sèche, j'ai enfin atteint le Niger, encore indemne des atteintes de ce climat meurtrier, et je serais presque tenté de croire à l'exagération de mes prédécesseurs, si je n'avais toujours présente à l'esprit la longue liste nécrologique lue à Kayes.

Confiant dans ma longue résistance, plus de quatre mois, je relâche un peu la surveillance que je m'étais imposée, et le soir venu je me plonge tout entier, sans souci des crocodiles, dans la nappe limpide du Niger.

Lorsque je me rhabille, le soleil est tombé et un léger, très léger frisson de fraîcheur monte le long de mon corps, de la plante des pieds à la racine des cheveux. Sans y attacher plus d'importance, je me mets à table et dévore avec appétit une pintade rôtie à point avec des petits pois de France, en conserves bien entendu.

Pourtant, lorsque je me lève de mon pliant, je ressens dans les jambes et principalement aux genoux un fourmillement inaccoutumé, suivi d'une grande lassitude. J'ouvre aussitôt ma boîte de pharmacie et vite j'absorbe, dans une feuille de papier à cigarette, le gramme de quinine réglementaire. Mais déjà il est trop tard, et à peine suis-je étendu sur mon lit de camp que la fièvre, agitant tout mon corps de tremblements douloureux, bat la charge dans la tête et dans les reins. Quarante degrés de chaleur, je grelotte. L'insomnie m'énerve, le cauchemar m'agite; terrassé par l'accès, je halète et suffoque sous la pression de la bile trop longtemps amassée.

Au matin, des symptômes plus graves se déclarent. Le rein congestionné se refuse à tout service, et un sang noir se mêle aux sécrétions.

La quinine à haute dose, même prise en injections, ne parvient pas à enrayer les progrès du mal, et c'est seulement au chloroforme que je dois un peu de repos et d'apaisement. Trois longs jours, je demeure anéanti dans une prostration qui me fait m'imaginer bien plus malade que je ne suis réellement. Une soif ardente, accrue encore par les exhalaisons malsaines du sol, flambe ma gorge et dessèche ma langue, jusqu'au moment où, la température intérieure accrue jusqu'à quarante degrés huit dixièmes redescendant insensiblement, la transpiration diminue petit à petit.

Le troisième jour au soir, j'essaie de me lever, et déjà les jambes ne portent plus le corps. Enfin, avec un long effort, je parviens à m'asseoir à l'air, cependant que des cuissons tenaces ardent encore dans mes os. Je m'abreuve de thé et d'acide citrique, faute de citrons, et finis enfin par m'endormir avec calme, jusqu'à l'aurore.

Lorsque je m'éveille, le soleil est déjà haut dans le ciel. Il ne reste plus aucun vestige du mal qui m'étreignait, et une faim énorme me tiraille.

C'est fini. Aussi rapidement qu'il est venu, le fléau s'en est allé sans transition aucune, et c'est à peine si un léger cercle de bistre autour des yeux un peu jaunes indique que je viens d'être malade. Une promenade au soleil que, pour cette fois, je trouve bienfaisant, et me voici en état de reprendre ma route, la pipe aux dents, aussi gai que par le passé.

La fièvre a soufflé sur moi comme une tornade sur la brousse, et mes rêves, tels les oiseaux après l'orage, chantent à nouveau dans l'inconnu.

Combien je dus en retrouver depuis, de ces angoisses et de ces souffrances, jusqu'au jour où je vins échouer piteusement, à demi-mort, dans le lit au chevet duquel je devais vous rencontrer, mon cher docteur, prêt à combattre avec acharnement votre ennemi familier, auquel vous infligiez une nouvelle et éclatante défaite.

Aussi est-il sur la terre deux hommes, notre ami Gaston Petiau et vous, qu'il m'est doux de rencontrer souvent, car à tous deux je dois la vie, et parce que cette dette est de celles qu'on n'a pas le droit de payer !

BANTA-FILY

XIX

BANTA-FILY

A Auguste Gaillard.

C'est à Mouralia, au pays de l'or, chez les Malinkés, que je connus cette histoire, qui me rappelait les plus beaux traits de notre civilisation européenne et décadente.

Au cours de l'étape, une heure matinale avant d'arriver au village, un noir est venu me demander justice. Ses yeux étaient roses de colère, et sur ses bras et ses épaules nus des traces de violence marbraient la chair noire.

— C'est Bakari-Fofana, me dit mon interprète Moussa, qui vient se plaindre à toi de ce

14.

que le frère du chef de Mouralia, Banta-Fily, l'a battu et volé.

Je m'enquiers, et voici le fait dans toute sa simplicité.

Banta-Fily devait de l'argent à un dioula d'un village voisin, Dialafoundou. Ce dioula, de son côté, devait de l'argent à Bakari.

— Viens avec moi à Mouralia, dit le dioula à ce dernier, et quand Banta-Fili m'aura payé, je te rembourserai.

Ce qui fut fait. Le lendemain, Bakari rentrait en possession de son argent sous forme de gros d'or (1).

Confiant dans les traditions de l'hospitalité au pays noir, Bakari passa la journée dans le village et y coucha. Au matin venu, ayant froid (ceci se passait une nuit fraîche de novembre), il sortit de sa case, et se mit en quête de bois pour faire du feu, ainsi que d'un tison enflammé pour l'allumer.

Pour cela, l'imprudent entra dans une case habitée par une des femmes de Banta-Fily.

(1) Le gros d'or, poudre ou pépite, représente 2 gr. 80.

— N'emporte pas mon feu, lui dit celle-ci. Si tu as froid, assieds-toi et chauffe-toi.

L'invitation acceptée, Bakari resta jusqu'au jour, et, sortant de la case, se heurta au mari qui lui dit :

— Pourquoi as-tu dormi chez ma femme?

— Je n'ai pas dormi chez ta femme.

— Si, puisque tu as passé la nuit dans sa case et que tu sors de chez elle au lever du soleil. A partir de ce moment tu es mon captif.

C'est, en effet, la législation malinké, qu'un homme surpris en flagrant délit d'adultère devient le captif du mari, tant qu'il plaît à celui-ci de le retenir en esclavage.

— Mais, continue Banta-Fily, tu es homme libre, et je veux seulement que tu me paies le mal que tu me fais.

Il appela alors ses gens, fit dépouiller et frapper Bakari, et lui prit cinq gros d'or qu'il possédait, — les mêmes que Banta avait versés la veille au dioula.

— Quand tu m'auras donné encore deux gros, je te rendrai ta liberté, ajouta ce maître-chanteur qui, grâce à la complicité de sa femme, reprenait ainsi — légalement — l'argent qu'il avait dû — légalement aussi — payer.

La nuit suivante, Bakari parvenait à s'échapper sans verser la rançon, et venait se mettre sous ma protection.

Des renseignements pris, car avec les Malinkés il faut toujours aller aux renseignements, il résulte que la bonne foi de Bakari-Fofana est évidente, et je l'emmène avec moi à Bafoulabé porter sa plainte au commandant du Cercle.

Je constate seulement que nous n'avons pas inventé le chantage et qu'il a aussi ses maîtres au Soudan.

AU LAC DHÉBO

XX

AU LAC DHEBO

Au Docteur Gaston Petiau.

Depuis quelques heures, mon chaland a suivi, d'une rive à l'autre, au hasard de la profondeur, les sinuosités d'un des biefs du Niger. L'horizon, couvert d'herbes vertes à perte de vue, n'est coupé que par la silhouette arrondie des monts Saint-Henri, Saint-Charles et Marie-Thérèse, filleuls de René Caillé, îlots perdus au milieu du lac comme les Canaries dans l'Océan.

La brise s'est levée, violente et fraîche, et la gorge brûlante aspire avec force ce souffle bienfaisant depuis longtemps oublié.

Le fleuve s'élargit, le sable des rives se fond insensiblement dans l'eau grise. Seuls, droits sur leurs pattes, des flamants roses indiquent la limite du flot. Sous l'étreinte du vent, les vagues s'accentuent et viennent se briser avec bruit le long de l'embarcation. Très au loin, au pied d'un mur de rocs qui marque le dernier tournant du fleuve, paissent, sous la garde vigilante des bergers peulhs, des troupeaux de bœufs et de moutons : leur pelage prend sous le soleil, au fur et à mesure que nous approchons, des tons plus vifs. D'aucuns même, à la robe noire et luisante, semblent, dans l'étincellement des rayons, revêtus d'une curasse d'airain.

Le chaland double le petit promontoire de rochers, l'horizon terrestre disparaît. C'est maintenant l'infini des flots, et la magie de l'immensité éveille en moi tous les souvenirs de l'Océan.

Un machiniste de féerie paraît avoir transformé la nature, et mon chaland a l'air, à cette heure, sous la voile blanche que les bosos viennent de hisser, d'un bateau de pêcheurs qui regagne le port. A deux milles à l'avant, les cases du village de Gourao se détachent dans des dunes de sable roux, et les taches noires des laveuses mettent de la vie dans cette solitude.

La brise est tombée, et c'est à la pagaie que nous abordons devant les femmes rieuses et les enfants effarouchés.

Le jour va finir, et, renonçant à l'hospitalité de la hutte de paille que m'offre le chef du village, je fais monter ma tente à quelques pas du bord.

Puis, assis devant l'horizon rouge du couchant, je laisse mes regards se perdre dans l'au-delà de cette plaine mobile, comme si j'espérais y voir soudain monter le panache de fumée ou la voilure blanche d'un bâtiment venu de là-bas, porte-nouvelles attendu vainement, mais quand même!

Et c'est une sensation étrange, si lointaine aujourd'hui, que je l'avais presque désapprise.

Habitué chaque jour à retrouver devant moi l'identique horizon aride, avec la même aurore et le même crépuscule, il me semble maintenant que j'ai terminé mon long pèlerinage, et que le paquebot libérateur va venir me prendre ici pour me ramener vers les phares amis de la terre natale.

Le soleil a disparu dans les vagues, la nuit est venue que j'attends encore; mais mon angoisse renaît lorsque je vois se poser une à une, sur la surface sombre de ces flots mystérieux, vers luisants célestes, les étoiles brillantes, qui descendent en pluie légère, telle la neige sur un toit d'ardoise, par un clair de lune.

Le repas du soir terminé, un malaise subit m'enveloppe. Par une des bizarreries de ce climat capricieux, la fraîcheur a cessé; une chaleur humide et malsaine monte maintenant du lac qui rend à l'atmosphère, en buées tièdes, les ardeurs de la journée.

Un bourdonnement, accompagné d'une démangeaison douloureuse, frôle ma joue, suivi bientôt d'une multitude d'autres. De chaque touffe d'herbe s'envolent les moustiques, et le nuage m'environne, implacable et harcelant. En vain, je m'enferme dans mes murs de toile, bien caché dans les plis de ma moustiquaire, bordée sous ma couverture. Les insectes passent et viennent susurrer à mon oreille l'agaçante chanson de leurs ailes invisibles.

Au bout de quelques minutes de ce supplice, je me vois contraint à revêtir mon vêtement le plus épais, à couvrir mes jambes de guêtres et mes mains de gants, puis à garantir mon visage d'une serviette mouillée. C'est alors une souffrance. L'air me manque, je suis dans une étuve, et, de guerre lasse, je me lève et me mets en marche avec fureur vers la brousse. J'étouffe sous mes habits trop lourds, et toujours le vol m'environne, menaçant et railleur. Une rage folle, accrue encore de mon impuissance, agite mes nerfs en feu, et jusqu'à trois heures du matin, comme un insensé, je vague du lac à la brousse, de la brousse au village.

Le brise se lève; en moins de temps que je ne saurais le dire, magiquement comme tous les phénomènes de cet incompréhensible pays, l'ennemi a disparu pour s'abriter à nouveau dans les herbes.

A peine déshabillé, je tombe assommé de fatigue; le sommeil, traversé de cauchemars effrayants, me cloue sur mon lit jusqu'après le lever du soleil.

Je dormirais encore longtemps si Mahmadou

ne venait me réveiller pour me montrer, à quelques centaines de mètres du campement, dans les dunes, un troupeau de gazelles que la soif amène au bord du lac.

L'instinct du chasseur reprenant le dessus, je me mets en route, avec l'appât d'un peu de viande fraîche pour le convoi.

Mahmadou s'avance doucement vers le troupeau; je m'embusque dans un buisson d'euphorbes devant lequel passeront dans un instant les bêtes apeurées.

J'ai à peine eu le temps d'armer mon fusil que les voici à quelques pas de moi, l'oreille droite, l'œil fixe et la queue mobile, inquiètes d'un péril qu'elles ne comprennent point.

Je presse la détente. Une gazelle tombe. Les autres n'ont pas bougé. Deux fois j'ai le temps de faire feu que les pauvres animaux, qui ignorent le bruit et que la vue seule du danger fait fuir, se sont serrés l'un contre l'autre. Mais Mahmadou émerge d'un pli dans les dunes, et la troupe s'égaille au grand galop parmi les tamarins et les euphorbes.

Avec une outarde superbe que je tue au retour, mes bosos chargés de gibier me suivent vers le lac en chantant victoire. *Il y a bon* pour cousscouss pendant quelques jours, car, découpée en lanières séchées au soleil, ils feront boucaner cette viande, sans se soucier de l'odeur insupportable qu'elle exhalera.

Les sens délicats d'un Parisien sont mis à rude épreuve au Soudan.

Je profite de la brise de midi pour sortir de la vaste plaine liquide, et le soir est venu que nous avons retrouvé le lit du Niger, et que je reprends, entre les berges uniformes et désertes, la longue route monotone, emportant de ce lac, triste et évocateur à la fois, l'oubli d'une souffrance et la mélancolie de m'être souvenu.

Dans quelques jours, j'arriverai à Tombouctou. Pendant que mes bosos se gavent de la prébende du matin, je noie, une fois de plus, toutes les désillusions de la veille dans l'espérance du lendemain.

TOMBOUCTOU

XXI

TOMBOUCTOU

A Catulle Mendès.

I

L'histoire de Tombouctou peut se résumer en quelques lignes. Construit vers le milieu du dix-septième siècle par des musulmans venus du Maroc, qui conquirent le pays sur les Songhaïs, dans un but de propagande religieuse, et sur l'emplacement d'un village qui servait d'entrepôt aux caravanes, Tombouctou fut d'abord, cela est certain, la ville sainte que la légende nous a léguée. Les trois mosquées, de Sidi-Yaya, de Djin-Djereber et de Sancoré qui subsistent, les vestiges de fanatisme qu'on y rencontre, le récit que nous en fait Caillié au commencement de ce siècle, nous démontrent qu'il y eut là, vers le sud, une tentative de croisade musulmane et un ardent foyer religieux où El-Hadj-Omar lui-même, plus tard, vint puiser une nouvelle force pour ses audacieuses conquêtes.

En même temps, l'influence de la civilisation arabe donnait un grand développement au commerce qui faisait de Tombouctou le point central de toutes les transactions entre le nord et le sud du Sahara.

Tombouctou, depuis le commencement du siècle, a appartenu successivement à plusieurs maîtres ; les Abeys, les Songhaïs, les Peulhs, et enfin les Toucouleurs, avec El-Hadj-Omar et Tidiani, conquirent les uns après les autres la suprématie de cette région. Et l'on s'explique facilement que les peuples du sud aient tenu à la possession de Tombouctou. Ceux du nord, et en dernier lieu les Roumas, en avaient fait, je l'ai dit, le lieu des transactions commerciales du Niger. L'éloignement de la métropole avait rendu pour le sultan du Maroc cette occupation difficile, de sorte que depuis longtemps ce dernier avait renoncé à y exercer une autorité directe, laissant en quelque sorte la ville se gouverner à sa guise.

La conséquence immédiate de cet abandon fut la décadence religieuse. Les zaouïas (monastères) se fermèrent, les mosquées s'effondrèrent, et en peu de temps la ville se trouva réduite à son seul marché, encore considérable, ce qui donna une grande force aux sectes fanatiques des Tidjanis d'abord, et actuellement des Snoussyas, sectes qui se donnaient pour les rédemptrices et les réformatrices de la foi musulmane que les nécessités commerciales avaient considérablement, sinon amoindrie, au moins fait dévier vers un but plus intéressé.

La secte des Snoussyas, aujourd'hui seule prépondérante, a, comme celle des Simons dans l'Afrique centrale, des ramifications dans tout le nord de l'Afrique, jusque dans les bassins du Niger et du Sénégal. C'est une vaste agence de police et de renseignements dont la plupart des membres cèlent leur identité. Ils sont très croyants et pratiquent l'ascétisme sous ses formes les plus rudes. Ils ont pour centre de ralliement une ville de Lybie, Djerboub, où se trouve la maison mère et le grand marabout de l'ordre.

Les Snoussyas se sont donné pour mission de ramener à la stricte exécution des préceptes du Coran l'observation des rites musulmans ; ils ont, dans toutes les peuplades guerrières du Touat et du Soudan, des affiliés qu'ils chargent de châtier les réfractaires. Cela fait parfaitement l'affaire des Touaregs qui, sous prétexte de servir Allah, trouvent une justification de leurs brigandages.

La proie facile de Tombouctou ne laissa pas que de tenter les populations voisines qui y voyaient un fructueux capital à exploiter, en s'emparant en quelque sorte de la douane du désert au profit de leur commerce. De ces divers conquérants avant les Toucouleurs, les Songhaïs seuls semblent avoir conservé quelque autorité, puisqu'ils se sont maintenus dans le pays et qu'ils forment la grande partie de la population. Avec El-Hadj-Omar semble réapparaître le caractère religieux, mais cela dure peu, car, dans la crainte d'une dépossession, le conquérant s'empresse de s'emparer de ce que la ville possédait encore pour transporter le tout à Djenné, qui à l'époque de notre conquête, avril 1893, était devenue la vraie ville sainte avec ses mosquées, sa bibliothèque, celle de Tombouctou probablement, et son foyer d'excitation religieuse.

De là la déchéance rapide de Tombouctou qui dut certainement compter un grand nombre d'habitants, peut-être les vingt-cinq mille des explorateurs, chiffre qu'on peut réduire aujourd'hui, avec la population flottante, au maximum de cinq mille, déchéance qui ne fit que s'accroître lorsque arrivèrent les deux grandes confédérations touaregs, les Iguellad et les Aouelimmiden. Alors ce fut la mort commerciale de Tombouctou. Les caravanes, qui étaient obligées de payer tribut tout le long de la route, dans le désert, aux Hoggar, aux Adzjer, aux Kel-Oui, aux Taïtok, puis aux portes de Tombouctou aux Iguellad et aux Aouelimmiden, et enfin à l'entrée de la ville aux habitants, cessèrent d'apporter, du Maroc et de la Tripolitaine, tous les objets précieux ou de luxe qui tentaient davantage la cupidité de ces exigeants douaniers, si bien qu'aujourd'hui le marché de Tombouctou n'est guère plus alimenté que par le sel des mines de Taodénit échangé contre des grains et surtout des esclaves venus du Macina et des États de Samory.

Quant à la population, la sienne propre est fort pauvre, ne produisant plus rien dans la crainte du pillage, et les rues sont bordées d'un tas de meurts-de-faim accroupis sous le soleil et abandonnés à leur fatalisme de souffrance. C'est même à tel point que lorsque nos troupes pénétrèrent à Tombouctou, ils ramassaient, à la façon des moineaux de France, le crottin des chevaux, qu'ils passaient aux tamis pour en extraire quelques résidus de mil dont ils faisaient leur cousscouss.

Le reste est une population cosmopolite : comme blancs, les Roumas, fraction marocaine sans prestige aujourd'hui, les Maures Bérabischs établis à l'est de la ville et spécialement entrepreneurs de caravanes, les Kountahs, secte arabe religieuse autrefois très vénérée, les Arabes de Mabrouck et de Tafilalet, enfin les nomades du Maroc, du Touat et de la Tripolitaine; comme noirs, les marchands toucouleurs, les bergers peulhs, les Songhaïs, artisans, les esclaves bambaras, enfin, à l'époque de notre arrivée, blancs aussi, les Touaregs.

Ceux-ci, d'origine berbère, peuvent, autour de Tombouctou, se diviser en deux branches : les Iguellad, nommés aussi Tademekett, à l'ouest et dans la région des lacs de Fati et de Faguibine, tribu prépondérante ayant comme vassaux, et en touchant un impôt, les Chériffen, tribu de marabouts, les Iguadaren, les Tenguerégujff, les Imededghen et les Kel-Antassar, ces derniers s'étendant jusqu'à Ras-El-Mâ; les Aouelimmiden, les plus puissants, à l'est et au nord, ayant comme tributaires les Kel-Témoulaï, les Iregenaten, ceux-ci sur la rive droite du fleuve, et les Kalgolsch. Il faut y ajouter les tribus soumises, qui relevaient de ces deux groupes.

Chez toutes ces tribus touaregs, les mœurs sont les mêmes. Les uns sont pillards par métier, les autres, et en général les vassaux, pasteurs. Ils ont en outre de commun leur langue, idiome berbère qui n'est pas, comme on le croit généralement, l'arabe, et aussi leur pauvreté; car, au contraire de leurs congénères du Sud algérien, ceux-là ne possèdent rien, sont vêtus de boubous grossiers uniformément de guinée bleue et vont nu-pieds. Lorsqu'ils restent deux jours et plus sans manger, ce n'est pas par tempérament, ainsi qu'on l'a dit, mais parce qu'ils n'ont ni un grain de mil, ni une calebasse de lait, n'ayant rien récolté ou n'ayant rien pu piller.

La tribu comprend trois castes. Les guerriers, armés de lances en fer, d'un sabre long et plat, de la forme des cimeterres du neuvième siècle, et d'un bouclier blanc en peau de coba ou de sanglier phacochère; leur monture est quelquefois un chameau, plus souvent un cheval; les Imghad, ou vassaux qui combattent avec les guerriers, leur apportent le butin ou paient impôt, et enfin les Bellads ou captifs, armés de poignards passés en bracelet au poignet gauche; ces derniers cultivent les lougans, et, en cas de grande expédition, comme celle dirigée contre la colonne Bonnier, y prennent part soit comme espions, soit pour capturer les troupeaux.

Ils sont tous musulmans, mais en général assez peu convaincus, et, en religion comme en politique, ne suivent que leur intérêt, témoin la défection qu'ils ont faite à la secte des Tidjanis auxquels ils obéissaient depuis longtemps, pour se ranger sous l'autorité des Snoussyas dont l'influence leur était plus profitable. Ils sont loin cependant d'avoir l'instruction des Touaregs du Nord, plus proches de la civilisation arabe.

Leur manière de vivre est celle de tous les nomades. Leurs tentes sont en peaux de moutons et de chèvres cousues ensemble, et simplement posées sur des piquets à peine à hauteur d'homme. Là-dessous nonchaloient, entassés, les femmes et les enfants, assez nombreux. Ils vivent presque exclusivement de laitage, le mil et le riz étant rares. Les garçons, comme chez tous les musulmans, sont privilégiés et instruits de bonne heure à la guerre.

On connaît, par plusieurs exemples, leur manière de combattre : l'attaque la nuit, et par surprise ; jamais le jour ou alors à de petits groupes isolés. L'Européen qui se garde n'a donc rien à redouter d'eux.

On le voit, ce sont, en somme, de pauvres gens peu à craindre, bien que pillards, et on s'explique avec peine qu'ils aient pu aussi facilement, durant de longues années, exploiter tout un pays sans soulever une révolte ni une résistance.

II

Tombouctou est situé, à sept kilomètres de Kabara, sur une dune de sable bordée par un marigot qu'alimente, à la saison des eaux hautes, la crue du Niger. Quand on vient de Kabara, on aperçoit la ville d'une distance de deux kilomètres et l'effet est assez séduisant. De longues lignes pittoresques de toits couleur de sable, s'étageant harmonieusement sur la pente de la dune, et dominées par trois minarets, dont le plus élevé sur la gauche, celui de la mosquée de Sidi-Yayâ, rappelle le clocher d'un de nos villages de la Beauce ou de la Brie; à gauche, une vaste plaine où le fleuve laisse de grandes mares pendant la saison sèche; à droite, la brousse, une succession de dunes couronnées de mimosas à perte de vue, marquant le commencement de la solitude et de l'immensité, et enfin, au fond, profilant la crête des toits et l'originale silhouette des mosquées, le ciel africain, d'un bleu implacable rosissant la ville, ou l'assombrissant de ses tons roux et gris, tout cela fait un instant s'arrêter le voyageur, surpris en songeant que, de cet amas de terre, est née une légende qui a tenu en haleine, pendant des siècles, des générations d'humanitaires et d'explorateurs.

Les maisons sont toutes en terre, charpentées avec des troncs de rôniers, et construites à l'arabe, avec cour intérieure et une sorte de préau à arcades dont les murs et les colonnes sont recouverts de nattes du pays. Derrière cette cour, l'escalier, et tout autour une longue galerie où des séparations forment des pièces de diverses dimensions. Le premier étage ne contient de logement que sur deux faces. Le reste forme une vaste terrasse à ciel ouvert, généralement close par un mur à hauteur d'homme. Le sol, qui sert de plafond au rez-de-chaussée, est assez curieux comme simplicité de procédé. Aux solives qui maintiennent les murs, on fixe des nattes sur lesquelles on étend une couche de mortier qui en séchant forme sol. C'est tout. Je ne recommande pas ce procédé à nos architectes, car il m'est arrivé, les nattes usées, de passer une jambe chez le voisin du dessous, ce qui est assez désagréable. Les rares ouvertures pratiquées dans le mur, une seule sur la rue, au-dessus de la porte, sont fermées par un petit auvent de style arabe, ajouré et souvent colorié.

De la terrasse, pour peu que l'on se trouve au centre de la ville, l'aspect est pittoresque. C'est un enchevêtrement inextricable de ruelles étroites, bordées de maisons identiques, aux toits accidentés, refuge des cigognes, et aboutissant toutes à la voie principale qui traverse Tombouctou en zigzags du nord au sud. Le marché se tient sur deux points de cette voie, le principal près du fort.

La cité s'éveille à l'aube, quand le muezzin, du sommet des minarets, appelle les croyants à la prière. On entend d'abord au loin les bêlements et les mugissements des troupeaux qui sont parqués le long de l'enceinte et qui un à un défilent en longs rubans vers la brousse.

Des boubous (1) commencent à circuler et les marchandes viennent prendre leur place au marché. Pas de blanches parmi celles-ci. Sur la petite place, sous des abris de paille tressée, s'étalent les denrées : le beurre de Karité, à l'odeur nauséabonde, le tamarin, le miel, les niébés (haricots du pays), l'oseille sauvage, l'arachide, le mil et le riz excessivement rares et de qualité inférieure, le mouton, tué et débité sur place, le pain de blé en petites galettes molles vendues vingt centimes, le beurre de lait en boules de dix centimes grosses comme une noix, les citrouilles et les courges pendant la saison; enfin le sel par fragments de cent grammes environ, vendus vingt-cinq et trente centimes; une ou deux boutiques de bijouterie en faux, avec leurs lourds bracelets de cuivre ou de zinc et quelques menus bijoux d'argent, les colliers de verroterie, bleus de préférence, quelques garankés (*cordonniers*) avec leurs babouches de peau de mouton et leurs bottes minces. C'est tout. Tombouctou n'ayant pas de lougans, point de marché de grains, qui

(1) Vêtement de guinée ou de toile descendant jusqu'aux genoux.

viennent d'ailleurs et entrent à Tombouctou en dehors du marché. A côté de chaque marchand, la petite calebasse de coquillages, les cauris, monnaie du pays au taux variable que nous avons réglementé à trois mille pour cinq francs.

Notre monnaie, qui jusqu'alors, quand il s'en trouvait, n'avait servi qu'à faire des bijoux, commence à s'imposer peu à peu depuis notre arrivée. La pièce de cinq francs surtout est en faveur.

Pendant toute la matinée, il y a peu d'animation sur la place. Assis sur leurs talons, dans l'attitude de gens qui ne pensent à rien, les noirs laissent tranquillement le soleil faire le tour de leurs crânes nus. A midi, les conversations languissent, le silence se fait peu à peu sous la chaleur écrasante, et ce n'est que vers cinq heures que le commerce bat son plein jusqu'à la tombée du jour.

Dans une rue attenante au marché se trouvent les boutiques des Dioulas. Là se vendent, au milieu de palabres interminables, la guinée, les couvertures et les pagnes du Ségou et du Macina, l'indienne, quelques couvertures et tapis, très rares, venus du nord, et divers objets de bimbeloterie.

En dehors du marché et dans tout le reste de la ville, on trouve peu de mouvement. Les hommes sont aux troupeaux et les maisons restent closes. Les femmes, et surtout les blanches, ne sortent pas de la journée et s'enferment à clef dans leur cour, où elles tissent et filent, préparent le cousscouss du souper. De la rue on entend les coups rythmés et sourds du pilon dans le mortier de bois, mais, pour pénétrer dans ces sanctuaires, c'est toute une affaire. Il faut d'abord frapper d'une certaine façon et se faire présenter par un commensal du lieu qui doit parlementer un bon moment avant que l'huis s'entr'ouvre. C'est d'ailleurs partout le même spectacle : les murs nus et le logis malpropre suintent la misère et le besoin, et il en sera encore longtemps ainsi avant que notre influence protectrice ait donné des résultats.

Deux ou trois fois seulement j'ai pu rencontrer quelques vestiges d'aisance, dans la tenue de la maison et la coquetterie des femmes. Quelques bijoux marocains de prix, quelques étoffes d'un luxe plus recherché, rappellent qu'autrefois il y eut une richesse à Tombouctou. Mais ces quelques restes sont choses acquises depuis longtemps, et ne peuvent entrer en ligne de compte dans le commerce actuel.

Le soir, la ville reprend son aspect morne. Sauf le chant monotone des muezzins, aucun bruit. Les terrasses, si vivantes le soir en Algérie et si chatoyantes de couleurs, ici sont désertes et muettes. On dirait qu'une appréhension incessante du danger cloue les habitants chez eux, et qu'ils ont la terreur d'être vus.

TACOUBAO

XXII

TACOUBAO

Au maître Félix Barrias.

L'étape est longue et douloureuse qui va de Tombouctou au charnier de Tacoubao. A chaque pas, durant trois jours, on retrouve les vestiges de la malheureuse colonne, et c'est le cœur angoissé qu'on se dit : « Ils ont passé là, pleins de vie et de confiance, et demain nous serons à ce même endroit où la mort les attendait ! »

Bonnier, Huguény, Sensarric, Regad, Tassard, Graal, Livrelli, Bouverot, Lenoir, Aclouch, Gabriel, Etesse, vous avez foulé ce même sentier, le long duquel paissaient sans

17.

bruit les troupeaux de l'ennemi ; vous avez suivi, voici quelques semaines à peine, les sinuosités de cette brousse ingrate, où le sable succède au sable, entre les maigres touffes de mimosas et de tamarins, et lorsque je quitte Tombouctou pour reconstituer pas à pas votre calvaire, une immense tristesse, qui m'opprimera longtemps encore, s'empare de mon être, fatigué de l'inconnu sans bornes et de la stérilité du Soudan !

Sur le petit cheval étique que montait l'un des vôtres, je chevauche, et c'est de la sorte que vous marchiez vers la mort, le casque un peu relevé, la poitrine ouverte aux vagues brises du désert, un brin d'herbe desséchée dans les dents, une chanson parisienne aux lèvres.

Esclaves de votre devoir, vous ne songiez même pas à discuter les décisions du chef imprudent qui vous entraînait, sans vivres et sans guides, vers l'impossible. Vous sentiez malgré cela le danger ; les mille voix imperceptibles du désert venaient quand même jusqu'à vous, et tout bas, bien bas, vous aviez, comme les condamnés, fait votre suprême prière et vos suprêmes adieux. N'importe ! Le sang de France qui, sous le soleil, brûlait vos artères, vous faisait croire quand même à l'issue heureuse d'un projet chimérique.

On a faim, on mangera ! On a soif, demain le marigot nous prodiguera ses trésors d'eau saumâtre ! En avant ! Les trois couleurs sont devant nous, à la tête de la longue colonne en file indienne, et les noirs eux-mêmes en oublient les cram-crams qui mettent leurs pieds en sang.

Je vous salue, victimes dont l'insouciance fit des héros, et chacun de vos pas dans la brousse renvoie, le long du chemin, son écho dans mon cœur fraternel !

Le premier soir, c'est la halte au petit village de Tassakant. Depuis le passage de la colonne, les Touaregs ont exercé de terribles représailles. Les cases sont en ruines, les habitants tués ou emmenés en esclavage, et c'est au milieu d'une lugubre désolation que mon convoi s'installe parmi les décombres.

Seule, une vieille femme est demeurée, sa vieillesse et son inutilité l'ayant fait mépriser des pillards, et ses regards hébétés semblent me demander ce que je puis bien venir chercher encore dans ce néant.

Le lendemain c'est Massacoré, campement isolé au bord du marigot de Goundam. Là commence l'agonie de la colonne. Tandis qu'on bouleverse devant soi les tentes et les troupeaux des Touaregs, qu'on capture leurs femmes et leurs enfants, les guerriers s'éparpillent dans la brousse pour se réunir plus loin, et observent. Leurs éclaireurs se montrent par instants au sommet d'une dune, puis disparaissent, et le silence, calme apparent, entoure la marche du convoi, qui fait halte à la nuit close dans la presqu'île de Tacoubao, entourée de tous côtés des inondations de l'hivernage.

Il fait une nuit noire de janvier. Les tirailleurs harassés se sont endormis, gorgés des viandes qu'on leur a données à satiété, faute de mil, alourdis par le froid, et lorsqu'à quatre heures du matin la bande hurlante se rue sur le camp, la boucherie ne dure que quelques minutes. A peine les malheureux officiers ont-ils le temps de dérouler la couverture dans laquelle ils dorment contre le sable, que les voici retombés pour jamais, le crâne ouvert ou la poitrine trouée.

Le glaive large ou la lance du guerrier, le javelot du vassal et le poignard du captif ont eu raison, au hasard des ténèbres, de toute une troupe bien armée et bien disciplinée, dont le tiers seulement fût venu au plein jour à bout de trois fois autant d'ennemis.

Plusieurs mois ont passé. Un des survivants du massacre, le sergent noir Boubousso, m'accompagne ; et tandis qu'au bord du sentier, à mi-route de Djindjin, je fais reposer mes porteurs, il me guide à travers les arbustes vers le lieu sinistre. Mais à cette époque de l'année les inondations ont disparu. Boubousso ne se reconnaît plus, hésite, examine de loin les rares arbres, et va de droite à gauche entre les touffes.

Mon cheval butte, je regarde. Son sabot vient de faire rouler un crâne humain.

— Tacoubao ! dit laconiquement mon guide ; et il continue d'avancer.

Un crâne encore, puis d'autres parmi des ossements épars : sous un buisson de gommiers, un squelette entier couché sur le dos, la tête ouverte comme avec une scie.

Des os sont à moitié rongés par les hyènes et les chacals. Un peu plus loin, au milieu d'une haie d'épines éventrée par les fauves, une large fosse, qu'à recreusée leurs griffes, bâille macabrement vers le ciel; au fond, amoncelés pêle-mêle, saccagés par la voracité des bêtes, les restes des tirailleurs enterrés là par de nouveaux venus.

Puis les débris d'une caisse de pharmacie, où se lit encore le nom du docteur Graal. A côté, une tache dans le sable entre deux pierres calcinées: le foyer près duquel le colonel dormit sa dernière heure et dont la lueur le fit reconnaître des Touaregs. Des ossements bornent l'étroit champ de bataille, là où fut égorgée la compagnie Tassart, et au delà une solitude morne, comme si le souvenir de la tragique nuit en écartait les oiseaux et les êtres vivants.

Un long frisson, presque de terreur, m'agite tout entier et une tendre pitié m'envahit pour ces hommes, ardents et jeunes, tombés là obscurément, sans défense et sans gloire, à quatre mille lieues de leur patrie, sans qu'une main aimée fermât leurs yeux, ni ensevelît leurs cadavres dépouillés, que pendant de longues journées dévoreront les ardeurs du soleil !

Effrayant symbole de ce pays mystérieux, qui fit payer si cher l'oubli de s'être un instant confié à lui, la faute de n'avoir plus, l'esprit trop las, songé que sur ce sol africain, toutes les choses de la nature, depuis l'éclatante lumière du ciel jusqu'à l'ombre du maigre arbuste, sont autant d'ennemies du voyageur qu'enfanta une terre moins ingrate!

LE MÉCHOUI

XXIII

LE MÉCHOUI

A Émile Bergerat.

Sous l'écrasante chaleur du midi, cinquante-huit degrés au thermomètre, j'achève péniblement l'étape en pleine brousse, vers la fumée lointaine, qui monte à l'horizon, droit vers le ciel bleu, du campement touareg où je vais demander l'hospitalité.

Depuis quelques jours que j'ai quitté Tombouctou, je marche ainsi devant moi, au hasard, comme un chemineau qui pour grande route aurait le sillon sablonneux des caravanes, et quémandant de tente en tente un abri et la prébende journalière de mon petit convoi.

C'est, en effet, la seule manière d'aborder les Touaregs que de se mettre sous leur protection, les yeux fermés, en s'abstenant de toute manifestation guerrière, même défensive.

Le campement que je vais joindre tout à l'heure appartient à la tribu des Chériffen, tribu religieuse de la confédération des Kel-Antassa, et déjà voici venir au-devant de moi Mohammed-N'Gouna, entouré de ses fils. Au milieu du voile qui lui cache le bas du visage, les yeux clairs sont souriants, bien que le regard manque d'absolue franchise. On sent qu'il y a toujours une arrière-pensée sous ce front haut, semé de longs cheveux ondulés qui tombent en liberté sur les épaules. Mais on ne saurait sans imprudence paraître s'en apercevoir, et le mieux est de se livrer à son hôte avec la plus grande confiance, certain que la haie d'épines qui borde le campement masque la limite d'un lieu inviolable où nul adepte du Coran n'oserait porter la main sur le voyageur qui y a cherché asile.

A mon arrivée sous la tente du chef, les cadeaux d'usage me sont apportés : une calebasse de lait aigre et un superbe mouton blanc, qui sera immolé pour le repas du soir.

Puis N'Gouna me laisse seul sous ma tente et les gens de la tribu retournent à leurs occupations journalières, sans plus s'occuper de moi que si je n'existais pas. C'est une des formes de leur respect d'abandonner ainsi le voyageur à son repos, et d'attendre pour lever même les yeux vers lui qu'il ait fait signe qu'on peut venir à lui.

Après la sieste, à l'heure où en longues files bêlantes les moutons regagnent leur parc bien clos à l'abri des lions et des panthères, le campement reprend son animation, et sous des tentes les femmes préparent, dans la tiédeur du crépuscule, le repas du soir.

Le boucher de la tribu est venu égorger le mouton blanc dont on m'a fait *cadeau*, et mis entier à la broche autour d'une perche d'un bois très dur, le voici qui tourne au-dessus d'un feu de branches très sèches dont la flamme sans fumée lèche la chair sans la brûler.

C'est le *méchoui*, le repas de fête à la mode chez les tribus nomades, qui tout à l'heure assemblera autour du foyer éteint les enfants d'Allah et leur hôte.

Cependant une chose inattendue inquiète ma curiosité. Les femmes qui sont autour de moi, toutes jolies d'ailleurs, avec des yeux très limpides et très doux, ont les bras et les cuisses développés au point de n'avoir plus forme humaine et de pendre autour des poignets et des chevilles en larges plis graisseux et répugnants. Après avoir constaté que le même phénomène se reproduit chez toutes et que même chez les jeunes filles ces excroissances de chairs s'accusent déjà, j'appelle Mahmadou pour avoir l'explication de cette bizarrerie.

Je ne suis pas peu surpris d'apprendre que c'est là le grand luxe des femmes et que plus elles ont exagéré les parties charnues de leurs corps, plus elles ont de charme pour l'homme et de chances d'être aimées.

Mais pour arriver à ce résultat, il faut subir un long et pénible traitement. Elles doivent deux fois par jour absorber une calebasse d'urine de brebis et de lait aigre, puis se livrer aux mains de masseuses qui leur broient la chair à les faire crier jusqu'à ce que les muscles pétris aient en quelque sorte fondu sous leurs doigts, pour faire place à des excroissances adipeuses et immondes qui alourdissent la marche et tuent la gracieuseté primitive des gestes.

Etrange coutume dont il m'a été impossible de démêler l'origine, si ce n'est toutefois que ces fils du désert, par un sentiment de dépravation commun à tous les enfants, éprouvent une jouissance simiesque à déformer la nature.

Tandis que la nuit approche, les cuisinières de la tribu ont entretenu le grand feu d'herbes aromatiques et de branchages odorants de romarin, et, en longues rigoles, la graisse fondue zèbre en pétillant les flancs de l'animal. Au moment où le soleil disparaît, la cuisson est achevée, et je suis convié à prendre place autour du festin. De la pointe de son couteau, N'Gouna découpe à même dans les côtes du mouton une large lanière saignante qu'il m'offre du bout des doigts, cependant que les femmes déposent devant nous les calebasses de cousscouss, où quelques épices de la brousse piquent des taches rouges dans le gris-blanc de la farine de mil ; et la soirée ne s'est point achevée que le pauvre *méchoui* est dévoré, et que, seuls, jonchent le sol les os dont se repaîtront la nuit les chacals et les hyènes.

Sous les étoiles, N'Gouna vient m'apporter ses bons souhaits pour la nuit, et, bien qu'en pays ennemi, puisque voici quelques semaines à peine du désastre de Tacoubao, je puis m'endormir en toute sécurité sous la garde de ces hôtes vigilants qui ne sauraient attenter à ma liberté et à ma vie que si, le premier, je portais atteinte aux biens qu'ils tiennent du ciel, et dont Allah les fit les dépositaires sur le sol natal.

UNE CAPTIVE

XXIV

UNE CAPTIVE

A Étienne Carjat.

La reconnaissance vient de rentrer à Goundam. En file indienne, les tirailleurs ont escorté les quelques prisonniers touaregs qu'on ramène du campement surpris, et leurs yeux indifférents indiquent qu'ils ne sont pas enthousiasmés de la prise. L'officier qui commande la petite colonne, les deux sous-officiers qui l'encadrent, sont harassés. Leurs yeux caves, leur teint blême émacié par l'anémie s'éclairent pourtant à la vue du drapeau qui flotte là-bas sur le fortin où ils vont pouvoir se reposer de ces cinq jours de désert, sans vivres et sans eau.

Deux hommes, quelques femmes, et quatre enfants : deux garçons et deux filles dont deux d'une dizaine d'années, et les deux autres trois ans à peine, c'est tout le butin qu'on va se partager dans la cour du poste. Le captif blanc, qui n'a pas les qualités du nègre, tente peu l'indigène qui n'en peut tirer aucun bénéfice pécuniaire; en revanche, les regards des officiers s'animent à la vue des femmes qui, l'air résigné, se sont accroupies dans un coin de mur.

Leurs grands yeux noirs, leurs cheveux longs et soyeux épandus sur leurs épaules cuivrées rappellent à ces sevrés les belles Fatmas des music-halls parisiens, et vite le partage est terminé. Une décharge de mousqueterie à l'extrémité du fort, justice est faite des deux rebelles qui tombent héroïquement, un sourire de mépris aux lèvres. Il ne reste plus maintenant, au milieu de la cour, que les quatre petits qui ont assisté, sans une larme et hébétés, à l'exécution de leurs pères et au partage de leurs mères. Comme ils vont être distribués aux tirailleurs, je demande à les garder, et, après avoir acquitté entre les mains de ceux auxquels ils devaient échoir le prix de leur rançon, je les emmène avec moi vers le Niger, à l'abri des brutalités.

Les premiers jours, ils demeurent taciturnes. L'aîné n'ose pas lever les yeux sur moi et pas un n'ouvre la bouche. A l'heure des repas, ils mangent avidement leur calebasse de cousscouss, ayant jusque-là souffert de la faim. Comme ils ne parlent ni ma langue ni celle de mon personnel, je ne puis en obtenir aucun renseignement. Sont-ils frères et sœurs? C'est ce qu'il m'apparaît pour les deux plus jeunes qui semblent par leurs attitudes, leurs mains continuellement enlacées, avoir été élevés l'un près de l'autre sous la même tente. Déjà habitués au fatalisme, l'inconnu vers lequel ils marchent ne les tourmente pas. Ils suivent le convoi, les deux petits portés sur un bourriquot, docilement, et lorsque nous arrivons au Niger, c'est sans émotion qu'ils s'installent dans mon chaland, ne manifestant même pas la joie d'en avoir fini avec les étapes à pied.

Mais je me fatigue vite de mes fonctions de bonne d'enfant, et je songe à les remettre aux mains d'une femme plus apte que moi aux soins nécessaires. Ici une difficulté m'arrête ; la domesticité n'existant pas au Soudan, partant les bureaux de nourrices, je me vois forcé d'acheter une esclave pour en tenir lieu. Aussi, en passant à Saraféré, mets-je Mahmadou en quête d'une noire robuste et douce.

Plusieurs me sont amenées, dont les yeux inquiets se fixent obstinément sur moi avec la crainte que mon choix ne s'arrête sur l'une d'elles. Enfin un des notables vient m'offrir une forte fille de race bambara, assez jolie, et qui paraît avoir de vingt à vingt-cinq ans. Je lui demande si elle veut m'accompagner jusqu'à Kayes pour prendre soin des enfants. Je lui explique que le fait d'être acheté par moi la rend libre et qu'en arrivant à Kayes le gouverneur lui donnera un certificat de liberté, et je donne rendez-vous à son maître pour le soir afin de lui laisser le temps nécessaire aux adieux. Alors c'est avec celui-ci un long palabre, marchandage honteux de chair humaine, car il veut profiter du besoin que j'ai de cette captive pour me tirer le plus d'argent possible, et je ne défends qu'à grand'peine ma bourse contre ses prétentions exagérées. Enfin le prix convenu de cent soixante-quinze francs, je lui dis d'amener sa captive à mon chaland.

Djidi, c'est le nom de mon esclave, est originaire des États de Samory. Libre de naissance, elle grandit dans son village, s'y marie, y devient mère. Brusquement une victoire de l'Almamy brise tout cela.

Le mari mort en défendant le tata, la petite fille succombe à son tour, de privations et de famine. Et, vendue après la conquête à un dioula, c'est la course quotidienne à travers la brousse, dans cet immense marché d'esclaves qu'est la Boucle du Niger. Elle passe de mains en mains, échangée hier contre une semblable, aujourd'hui pour de la verroterie anglaise, demain pour quelques pièces d'étoffes. La nuit, lorsque le convoi sommeille autour des feux sous les étoiles, éreintée par la marche, elle n'a même plus la force de songer au passé souriant, et, comme la bête de somme, sa voisine, elle tombe, la maigre pâture prise, jusqu'à l'aurore.

Un jour enfin, à Djenné, elle est achetée par un maître humain qui en fait la gardienne de ses enfants. Elle se souvient alors de celui qu'elle a perdu, et son amour maternel se réveille en faveur de ces étrangers qu'elle entoure de son affection. Elle se croit heureuse ; le repos d'un foyer familial vient de cicatriser les sanglantes blessures de son cœur.

Cependant nos colonnes sont en marche, et le tata de Djenné croule sous nos obus. La ville conquise, Djidi est de nouveau donnée comme part de prise à un de nos tirailleurs qui la traîne avec lui à la suite de nos convois. Après avoir été deux fois mère, la voilà de nouveau seule, le cœur vide, les yeux secs à force de souffrance, jusqu'au moment où je la trouve dans ce village du Niger, occupée à piler le couscouss et à racasser (*laver*) les calebasses.

En regagnant, à la nuit tombante, l'endroit où est accosté mon chaland, j'aperçois sur la berge une assemblée de boubous blancs et bleus qui m'attendent.

Chaque événement nouveau, non inscrit à l'emploi du temps coutumier, prend en effet dans la vie du noir une importance énorme. Aussi, pour vendre cette captive à un blanc, le maître a-t-il convoqué au palabre ses parents et ses amis, et ils sont venus là une trentaine pour prendre en spectateurs leur part de la bonne affaire traitée.

Après les salutations d'usage, Mahmadou vide sur une natte tressée d'herbes de brousse le sac où j'ai préparé la somme qui rachètera Djidi. Une à une ils regardent tomber les pièces d'argent dont la vue fait de convoitise briller leurs yeux blancs ; puis, après que j'ai vérifié une première fois que le compte est exact, voici que le maître allonge sa maigre main vers les piles de monnaie, et, lentement, les examine.

Le noir est plus difficile que nous. Si j'avais le malheur de lui glisser une pièce qui ne fût pas française, il la jetterait dédaigneusement de côté en me disant, d'un air de reproche :

— *Amagni !* (mauvais).

La convention monétaire n'est pas admise au Soudan, et, en dehors des pièces à l'effigie de Napoléon ou de la République, ils n'admettent aucune autre monnaie, même en bronze.

Lorsque le vieux a terminé, un de ses fils

procède immédiatement à une nouvelle épreuve, pour s'assurer qu'il n'y a pas erreur, et, près d'une heure durant, cette cérémonie se prolonge, jusqu'à ce que le conseil soit unanime à déclarer que nous sommes d'accord.

Djidi, qui s'est assise entre nous, son petit paquet entre les genoux, assiste impassible à ce règlement de comptes; puis, quand tout est fini et que les gourdes ont disparu dans une musette de cuir, une larme silencieuse perle aux reflets de la lune sur sa joue noire, comme si une étoile était venue se poser là.

Larme de douleur ou de reconnaissance, qui saurait le dire? A-t-elle seulement compris le sort qui l'attend? ou ne se demande-t-elle pas tout simplement ce qu'elle fera de cette liberté qu'on la force à recouvrer malgré elle?

Là, au moins, dans ce village où les hasards de l'esclavage l'ont conduite, elle était sûre, en échange d'un travail facile, de la pâture quotidienne qui réunit, la journée finie, ses compagnes de captivité. Le même gîte aurait chaque jour abrité son sommeil, et déjà l'amitié et l'affection avaient de nouveau refleuri dans son âme pour quelques-unes des déshéritées d'un même destin. Qui sait même si, parmi les pasteurs ou les artisans du village, il ne s'en trouve pas un qui aurait fait germer en elle un espoir d'amour?

Pauvre Djidi! A quoi emploiera-t-elle cette liberté que je lui offre et qu'elle ne m'a point demandée? Au Soudan, il faut être esclave ou maître, et à moins que je ne lui laisse à mon départ un lougan (*champ*) et des captifs pour le cultiver et la servir, elle sera, malgré son certificat de liberté, forcée de retourner à sa condition première.

Son village est depuis longtemps détruit, sa famille, ses amis, disparus, et quand même, l'immensité de la brousse la sépare de son berceau natal. Comment la franchirait-elle?

C'est à cela qu'elle pense lorsque je la conduis vers l'inconnu. La vue de mes petits Touaregs amène un sourire triste qui découvre un instant la blancheur éblouissante de ses dents, et le petit Ahmed est vite endormi sur ses seins flétris par la maternité précoce et la fatigue.

Dans la nuit, aux sons du tam-tam qui résonne là-bas dans le village, le chaland repart. Djidi s'est étendue près de mon lit de camp sur une natte. Soudain, un long baiser de deux grosses lèvres effleure ma main pendante. Avant de s'endormir, l'esclave, avec son instinct de bête apeurée, a deviné en moi l'être bon qui lui fera la vie douce, et, dans ce baiser amical comme une caresse de gros chien, elle se donne au nouveau maître, fidèle. Mes petits enfants ont retrouvé une mère, Djidi et moi nous sommes amis, et me voilà père de famille sans avoir rien fait pour cela. J'en sais pourtant qui n'ont jamais ressenti l'émotion douce qui m'endormit ce soir-là, au Niger, sous la lune.

LE PAYS DE L'OR

XXV

LE PAYS DE L'OR

A Paul Delmet.

Le paisible roi de Yatéra, mon ami Soucoutomba, me reconduit jusqu'aux portes de la ville, et, me donnant son fils aîné comme guide, me souhaite bonne route et prompt retour.

Au sortir des lougans, le sentier sablonneux se parsème de cailloux, le cheval avance péniblement sur ce sol où les sabots sans ferrure rendent un bruit sourd. Les cailloux deviennent pierres, puis rochers, dont l'altitude s'accroît et au travers desquels se fait jour difficilement une végétation aride et rabougrie.

— Encore une montagne, affirme mon guide, et nous verrons Batama.

Je suis surpris de n'apercevoir devant moi aucune silhouette de montagne, voire de colline, cependant qu'insensiblement le sentier sillonne en pente douce les buissons d'euphorbes et de roseaux.

Brusquement, derrière un rocher, le chemin se brise, descendant à pic vers le ravin. Je suis obligé de mettre pied à terre et de confier ma monture à mon palefrenier, qui devra presque la porter jusqu'au bas de la côte.

Les roches s'étagent en escaliers à travers les fourrés, et, soudain, après un dernier tournant, je débouche en pleine lumière, avec un saisissement inexprimable, au sommet de l'immense vallée du pays de l'or.

Comme tout ici prend des proportions que le soleil exagère encore, je pourrais me croire, à la neige près, sur un des pics du Grésivaudan, avec la vallée de l'Isère à mes pieds, n'était toutefois que le cours torrentueux et glacial de la rivière alpine est remplacé ici par un mince filet d'eau tranquille — et tiède.

Pourtant, je suis à peine à trois cents mètres

d'altitude, et le trou immense et profond, long de soixante kilomètres, large de dix, entre des massifs de roches ferrugineuses, m'impressionne au point que je m'arrête, les yeux errants sur ce panorama merveilleux, le premier qu'il me soit donné d'admirer dans ce pays d'incessantes désillusions. Tel Moïse découvrant la Terre Promise!

Au creux de la vallée, la longue bande verdoyante du marigot; les tonalités crues s'estompent, s'effacent au fur et à mesure qu'elles approchent de la base des massifs montagneux; la tache grise des toits du gros village de Batama, dont la ceinture de pisé forme un rond imperceptible dans la verdure, réduit par l'éloignement; puis une ligne rousse, bornant les lougans où s'accuse déjà l'élévation progressive de la chaîne du Tambaoura.

Le jour décroît. Le soleil touche presque au sommet occidental de la montagne, écornant ses rayons aux anfractuosités des lourdes pierres. Tout se transforme. Le fond s'est assombri, mêlant dans une même teinte les variations lumineuses du sol. Une large traînée de cobalt s'épand sur la plaine, tandis que des clartés pourpres, de vermillon par places, se jouent lentement aux flancs du massif, dans l'inégalité des blocs de silex, comme des vagues légères sur les galets de la grève.

En quelques minutes, m'accrochant aux lianes flexibles, j'ai terminé sans encombre la difficile descente, et j'évoque encore, dans la case étroite qui m'abrite, la grandiose symphonie du paysage magique.

Lorsque je parviens le lendemain à Mouralia, le village est désert, comme abandonné. La récolte des lougans est achevée et la population, jusqu'au prochain hivernage, à la recherche du précieux métal, les hommes dans la montagne, les femmes aux puits plus proches, ouverts dans les alluvions voisines.

Nos mineurs d'Europe souriraient certes à voir disséminés, au hasard de l'inspiration indigène, ces trous à peine étroits d'un mètre, profonds quelquefois de dix, avec des galeries souterraines, où nulle charpente ne comprime la saignée en pleine terre, et dont les gradins taillés brutalement dans la paroi permettent seuls la descente et la montée à l'aide des pieds et des mains.

Au marigot, les femmes sont à l'œuvre. Le sable aurifère, amoncelé hors des puits, pris à pleines calebasses, elles le lavent à grande eau, faisant de leurs doigts un tamis où s'égrènent les cailloux et la terre inféconde. L'œil clair des laveuses ne se trompe pas, et, lorsque la calebasse est épuisée, il ne reste au fond qu'un petit tas de terre noire où étincellent parfois quelques paillettes d'or. Le forgeron en fondra des torsades ou des lingots grossiers.

Cependant, la récolte est peu abondante, et quand, ayant lavé une cinquantaine de calebasses, une femme arrive à recueillir dix sous de poudre d'or, la journée est bonne, surtout si l'on tient compte du peu de besoins de ces races apathiques.

Les frères et les maris se sont mis en quête dans la montagne ; ils explorent sans aucune méthode la surface du sol, arrêtent leur choix sur l'endroit qui leur semble le plus propice.

Mais avant d'ouvrir la tranchée, de s'y enfoncer jusqu'à la couche de schiste, il y a lieu de procéder à des cérémonies variées, la superstition, chez ces hommes puérils, ne perdant jamais ses droits.

Il faut d'abord tuer le démon vert, qui garde l'or dans les entrailles de la terre, et pour cela l'attirer à la surface par des sacrifices qui tenteront sa voracité. Des bœufs et des moutons sont égorgés, à l'orifice du premier puits ; le sang s'épanche, se perd dans le sable fin. Les guerriers alors déchargent leurs fusils dont les projectiles, balles et graviers, creusent des trous profonds : le sorcier proclame que le démon est mort, qu'il n'y a plus à craindre pour les travailleurs les éboulements contre lesquels rien ne défend la mine.

Durant trois ou quatre mois, la chasse aux pépites continue. Parfois, un des chercheurs rencontre une gangue féconde, et, dans une journée, réunit jusqu'à huit et dix gros d'or. Celui-là est un privilégié ; il se passera des semaines avant qu'il retrouve pareille aubaine. La saison finie, on regagne le village. Les heureux achètent des bœufs et des cadeaux pour leurs femmes. Les autres consomment philosophiquement le mil dont ils ont eu, avant le départ, la prudence d'emplir leurs greniers. Quelques-uns pourtant, écrasés dans la mine, ne reviennent pas, mais de ceux-là nul ne se préoccupe. C'est l'holocauste inévitable voué chaque année à la vengeance du démon vert !

Combien d'Européens, le jour où nous voudrons entreprendre nous-mêmes l'exploitation du bassin de la Falémé, seront à leur tour victimes de l'imaginaire puissance, et dormiront pour jamais à côté de la fortune qu'ils y seront venus chercher !

De village en village, les puits de prospection s'échelonnent le long du sentier, et dans tout ce vaste quadrilatère qui limite la région aurifère du Bambouk, du Konkadougou et du Bélédougou, le même travail occupe les indigènes. Toutefois, au contraire des pays similaires, nulle ardeur, nulle passion n'animent les travailleurs. Ils extraient l'or comme ils sèment le mil, et jamais un cri ne salue la découverte d'une pépite ou d'un filon. Les noirs font cela comme tout le reste, avec calme, et presque résignation ; celui qui revient les mains vides ne semble pas moins joyeux que les favoris du hasard.

Les femmes elles-mêmes n'ont point, comme au Macina, la coquetterie de transformer en joyaux le précieux métal, qui n'est pour tous qu'une monnaie d'échange dont on achète des cotonnades, du tabac, de la poudre, et l'horrible absinthe de traite avalée jusqu'à l'ivresse, quand les calebasses ont été productives.

Le pays de l'or est certainement le plus pauvre du Soudan. Partout où l'on passe, la misère est la même, et c'est à peine si l'on trouve des poulets dans les villages, encore moins du bétail. Etreints entre la stérilité des lougans et les incertitudes de la recherche de l'or, les malheureux Malinkés ont faim plus souvent qu'à leur tour, et sous leurs haillons sordides et troués on a peine à reconnaître les habitants d'un pays que les optimistes convictions de voyageurs trop confiants ont surnommé la Californie de l'Afrique!

MAHMADOU A PARIS

XXVI

MAHMADOU A PARIS

A ma Mère.

I

Sur le pont du vapeur qui appareillait pour le Haut-Fleuve, et tandis que je répondais aux derniers saluts de mon vieil ami Raoul Rivet dont la silhouette s'évanouissait peu à peu dans les groupes noirs grouillant sur le quai, j'avais dit à Mahmadou, dont les yeux se fixaient sur les murs blancs de la ville :

— Si je suis content de toi, Mahmadou, quand nous serons de retour, je t'emmènerai voir Paris, et tu ne regretteras pas Saint-Louis, j'en suis sûr.

— Paris grand comme Saint-Louis ? interrogea-t-il.

— Bien plus grand.

— Combien de fois?

— Plus de cent fois.

— Hé! Hé!...

Et voici qu'après la longue chevauchée dans le désert, nous nous retrouvons sur la jetée de Dakar, le 19 octobre, prêts à nous embarquer sur l'excellent paquebot « La Plata », des Messageries Maritimes.

Pour la circonstance, Mahmadou a renoncé à son boubou de cotonnade. Un costume de drap bleu dans lequel il se cambre fièrement, bien qu'il y transpire à grosses gouttes, des brodequins dans lesquels il a peine à marcher, par manque d'habitude, et une cravate étincelante achetée la veille à Gorée, chez la bonne madame Pohu, complètent son accoutrement.

Il tient en laisse Boubou, cynocéphale de Bakel, dont les yeux mobiles s'apeurent de l'Océan.

Les bagages embarqués sur le cotre, nous

partons, et, après avoir tiré plusieurs bordées au large, sport favori des pêcheurs noirs qui, par paresse, préfèrent louvoyer plusieurs milles à la voile plutôt que de donner vingt coups d'aviron, nous accostons à la coupée du superbe transatlantique.

Mahmadou ne veut confier à personne le soin d'enregistrer les bagages; méticuleusement il s'assure que tout est bien transbordé. Il prend de grands airs avec les domestiques du bord, et c'est d'un ton comique de commandement qu'il se fait indiquer ma cabine et sa couchette.

Les passagers se groupent autour ce de superbe noir, dont les yeux blancs vont négligemment de l'un à l'autre.

Du moment que je ne les connais pas, ce doit être évidemment des gens de peu, et j'ai beaucoup de peine à lui faire comprendre que nous autres blancs nous ne pouvons nous connaître tous et que, d'ailleurs, il y a là beaucoup de personnes qui ne sont pas de mon pays et de ma race, de même que chez eux il y a des Ouoloffs, des Toucouleurs et des Bambaras.

Mahmadou fait alors la visite du navire; il

ne s'est pas écoulé une heure qu'il est à tu et à toi avec l'équipage et les passagers.

Un d'entre eux même, retour de l'Amérique du Sud, me demande si, parmi les gamins qui autour du steamer plongent de leurs pirogues pour chercher au fond de la rade les sous qu'on leur jette du bord, il ne pourrait pas, séance tenante, acheter un petit boy. Il ne se rend compte que difficilement que l'esclavage ne saurait être pratiqué par les Européens dans nos colonies.

Le soir venu, la provision de charbon terminée, « la Plata » lève l'ancre et c'est dans un dernier flamboiement du couchant que je vois disparaître à l'horizon assombri de l'Orient cette terre inhospitalière où je n'ai trouvé que désillusions et tristesses, avec de rares échappées vers l'idéal.

Mahmadou est déjà installé à l'avant, au milieu d'un cercle de passagers qu'il tente d'éblouir, en un français simiesque, des récits de notre voyage.

La clochette du dîner m'appelle. — Je m'assieds enfin autour d'une table, à côté de femmes — blanches — décolletées et de gentlemen en frac. C'en est fait maintenant des repas solitaires et des boîtes de conserves; je mange enfin de la viande rôtie au four et de la salade!

En fumant un cigare – adieu la pipe, fidèle compagne des soirées de la brousse! — je vais jusqu'à l'avant retrouver Mahmadou, mais Mahmadou n'est plus sur le pont. Etonné, je descends dans les chambres, où je perçois de suite des soupirs à fendre l'âme. Mahmadou a le mal de mer; déjà, dans les affres de ce mal inconnu, il s'imagine que j'ai voulu sa perte et « qu'il va aller chez Toubabs faire crevaison! »

J'essaie de consoler de mon mieux le pauvre garçon, lui assurant que le mal qui le tourmente n'est qu'un mal passager dont il ne se ressentira plus demain. L'entêté ne veut rien entendre, et répond à chacun de mes encouragements par un hoquet convulsif, la tête heurtant la cloison de sa couchette.

Enfin, de guerre las, je regagne ma cabine, laissant ce grand enfant à son désespoir.

Dès le matin, à l'heure où l'équipage procède à la toilette du navire, je me rends au carré des secondes, et je trouve Mahmadou sur le pont, les pieds dans l'eau, un balai à la main, frottant de toutes ses forces avec les matelots, et riant de toutes ses dents d'ivoire, où le soleil levant nacre les reflets de la mer.

Il vient à moi, le pied marin, habitué au roulis. Rasséréné par le soleil, il gambade, avec des pas de tam-tam, oublieux des souffrances passagères, tout à l'enthousiasme de son existence nouvelle. Boubou, de son côté, se rend sympathique par son affabilité et le golo n'a pas moins de succès que le nègre.

Le sillage du paquebot ajoute les milles aux milles et je me laisse revivre à toutes les distractions du bord : jeu de palets sur le pont, jacquet au fumoir, la poule au point à midi sonnant, alors qu'on règle sa montre à l'heure de la nouvelle longitude.

Une de nos plus charmantes passagères s'est intéressée à Mahmadou, et lui fait raconter son histoire que termine le voyage à Tombouctou. Le malin Mahmadou a de suite deviné le rapprochement qui s'est fait entre la jeune dame et moi, et c'est en clignant de l'œil d'un air d'intelligence qu'il me jette à l'oreille :

« Acagni mousso! (1) » en bambara, comme pour être compris de moi seul. Il se montre si prévenant que madame X..., ne voulant pas être en reste, lui fait don d'une pièce de vingt francs. Tout ému d'une pareille aubaine, le naïf garçon manifeste sa surprise dans la langue de son pays, accroupi sur les jarrets, par un formidable éclat de rire.

Hélas! cette pièce d'or sera la fin de ses enfantines illusions. Grisé, Mahmadou tourne et retourne dans ses doigts la pièce brillante, tel Boubou une noix, et comme en l'esprit de tout noir un cadeau ne doit être accepté sans retour, Mahmadou, qui s'est souvenu que la jolie passagère a caressé et gâté Boubou, vient offrir à sa *camarade* blanche le compagnon des étapes lointaines. L'heureux singe agréé ira vivre d'une vie paisible, ce qui le changera des mépris et des brutalités de Mahmadou.

Nous avons dépassé le détroit de Gibraltar, la température fraîchit. Le vêtement de drap pèse moins à Mahmadou, et lorsqu'après Lisbonne le commandant fait carguer les tentes, le noir impressionné relève le col de son ves-

(1) Bonjour, madame!

ton et s'enveloppe du foulard que je lui ai donné, *grisgris contre froid.* Dans le golfe de Gascogne, le froid nous saisit brusquement ; sous la brume glaciale qui nous arrête quelques heures à l'estuaire de la Gironde, Máhmadou claque des dents, le visage convulsé.

Les côtes de France sont aussi inhospitalières à cet enfant du soleil que la terre noire aux hommes du Nord. Je le couvre du mieux que je peux, et tandis qu'il reste blotti dans un coin de la machine, nous entrons dans Bordeaux où le paquebot mouille à la nuit close.

A peine ai-je le temps d'embrasser ma mère, qu'une voix s'élève derrière nous :

— Bonjour, maman !

C'est Mahmadou qui vient, les genoux ployés, rendre ses devoirs à la mère de son maître, et je n'oublierai jamais le ton inénarrable dont elle me dit :

— Comment? Tu as amené un nègre? Eh bien! tu as fait un joli coup !

Les mères ont toujours raison ; je m'en suis une fois encore aperçu par la suite !

II

A l'Hôtel du Chapon-Fin, Mahmadou est accueilli comme un ambassadeur. Tout le monde s'occupe de lui, et c'est à peine si je puis, dans le tohu-bohu de l'arrivée, me faire indiquer ma chambre. Après le dîner, un domestique de la maison vient me demander l'autorisation d'emmener Mahmadou avec lui, et, tout occupé des miens, de leurs conversations qui m'enveloppent comme une tornade de là-bas, je m'empresse d'octroyer la permission.

Je crois prudent toutefois de faire des recommandations à mon garçon, pour qu'il ne gaspille point l'argent qu'il a dans sa poche.

— Laisse, me répond-il, moi savoir tout seul !

Déjà un peu ahuri par ce spectacle nouveau pour lui d'une grande ville aux maisons hautes, le bruit des voitures sur un pavé de pierres, l'agglomération d'une population dense, les terrasses des cafés, l'éclairage des boutiques, Mahmadou n'a qu'un désir, c'est de se précipiter au plein milieu de ce tourbillon qu'il ignore et qu'il admire.

Comme c'est le moment de la foire des Quinconces, c'est là qu'on va mener le Soudanais, pour frapper davantage son imagination par le tam-tam blanc.

Dans la soirée, le hasard des distractions m'amène aux Quinconces, où la fête bat son plein. Les lumières multicolores animent les baraques et les tourniquets, et soudain mon attention est attirée par des cris sauvages qui partent d'un manège de chevaux de bois. C'est Mahmadou qui m'a reconnu dans la foule et m'appelle, en même temps que son compagnon se précipite vers moi pour me prier d'intervenir pour faire rentrer « le sauvage ».

Depuis deux heures, Mahmadou est sur les chevaux de bois ; non seulement il n'en veut pas descendre, mais encore il appelle tous les enfants dont il devine, avec sa sagacité de nègre, le désir dans les regards anxieux, et les fait monter autour de lui, payant à chaque fois au manager, avec une parcimonie et une réflexion dignes d'un blanc, la place de ses invités et la sienne. Lorsque j'arrive, il a déjà dépensé dix-huit francs de chevaux de bois, et, sans mon intervention, je crois qu'il s'endetterait, en faisant payer à mon domicile, tant il se passionne à ce sport inédit.

Aussi, le lendemain, est-ce une désillusion pour lui que de s'acheminer vers la gare, ignorant des nouvelles surprises qui l'attendent au delà.

Le voyage de nuit intéresse peu Mahmadou; aussi, après avoir tenu tête quelques instants aux interrogations curieuses de ses compagnons de route, il tourne brusquement la tête et s'endort.

Le jour se lève lorsque nous approchons de Paris, et Mahmadou, anxieux, vient me demander si véritablement nous avons marché toute la nuit. Comme je lui explique que nous avons en quelques heures parcouru une distance égale à celle qui sépare le Sénégal du

Niger, il écarquille un peu les yeux où pourtant survit un doute.

Nous débarquons enfin et Mahmadou murmure ce seul mot : Paris ! absolument du même ton que j'ai dit quelques mois auparavant : Tombouctou !

Comme nous passons à l'octroi, un douanier arrête Mahmadou pour vérifier le contenu des colis qu'il tient à la main. Mais aussitôt le noir se rebiffe, et, menaçant, commence à invectiver l'employé qui veut toucher au dépôt dont il a la garde, ne reconnaissant à personne le droit de mettre la main sur mon bien. Je suis obligé de le rappeler à l'ordre, et de m'excuser auprès du fonctionnaire, qui, d'ailleurs, prend la chose en riant.

Dans la voiture qui nous conduit vers ma demeure, Mahmadou s'agite, va d'une fenêtre à l'autre, inquiet de cette longue traversée de Paris entre les maisons où passe un coin de ciel, de la gare lointaine aux hauteurs de Montmartre. Une seule chose le déride, la Seine.

— Oh ! grand marigot, crie-t-il.

Puis le mutisme reprend, et soudain :

— Pourquoi toi rester si loin de la gare ?

Là, je cherche un instant une explication, tant au fond la question semble logique, et ce n'est qu'après réflexion que je lui enseigne qu'à Paris il y a plusieurs gares, et qu'on ne saurait être à proximité de toutes. Une chose encore l'étonne : l'inégalité des voies parisiennes, leur tortuosité fréquente.

Son trouble s'accroît encore lorsque je lui fais monter les cinq étages de ma maison. Il s'explique mal que le grand personnage qu'il est accoutumé à voir en moi soit si haut perché, et c'est avec une pointe de raillerie qu'il baptise mon logement : case petite !

Néanmoins, il est satisfait de la chambre que je lui donne, dans le mur de laquelle passent des tuyaux de cheminée où il va de suite se réchauffer ; et déjà le voici dans la cuisine, préoccupé d'aider la cuisinière et de se rendre utile. Il a demandé un tablier et se met à l'œuvre, s'emparant de la vaisselle, des couteaux, etc. Il tient à se rendre au marché, et sourit devant l'amoncellement des victuailles de toutes sortes qui garnissent les éventaires et les trottoirs de la place Clichy. Il fait le tour du quartier, comme pour s'orienter, et rentre ravi, après avoir contemplé longuement les ailes du Moulin-Rouge.

— Eh bien, dis-je à Mahmadou pendant le déjeuner qu'il a tenu à servir lui-même, que penses-tu de Paris ? Est-ce aussi grand que je te l'avais annoncé ?

Alors, cherchant autour de lui une comparaison qui rende bien sa pensée :

— Paris y a bon. Paris grand comme la case, Bordeaux grand seulement comme la cuisine !

III

Au cours de mes visites de retour, j'ai dû délaisser un peu Mahmadou et le confier à la garde de la fidèle Madeleine avec laquelle, d'ailleurs, il semble fort bien s'entendre.

Je puis cependant l'emmener par instants et rien n'est plus comique que les longues conversations de Mahmadou avec les cochers, à côté desquels il s'assied pendant nos promenades. Les interrogations pleuvent dru sur l'automédon, et comme Mahmadou ne peut jamais être en reste, il rend service pour service, confidence pour confidence.

Cependant, un jour, en passant devant la statue de Jean-Jacques Rousseau, au Panthéon, il se tourne brusquement vers moi, et me demande quel est ce « bougnoul ».

— Ce n'est pas un bougnoul, lui dis-je, c'est un toubab qui a fait des corans, comme les marabouts.

— Toubab blanc comme toi ?

— Mais oui.

— Alors pourquoi y a fait son portrait noir comme moi ?

Surpris par cette judicieuse observation, je ne sais trop comment lui démontrer que le bronze est le métal habituel de nos statuaires et que nous ne tenons qu'à rendre la physionomie, non la couleur. Bref, je n'en sors pas, et Mahmadou n'est pas convaincu par mes arguments. Il restait une lacune dans sa compréhension de toutes choses, et je ne devais pas tarder à constater les effets de son implacable logique.

Un matin, en rentrant déjeuner, je trouvai Mahmadou dans la cuisine, les mains et les bras enduits de savon, et frottant avec acharnement sa peau noire et luisante, indifférent à l'hilarité de Madeleine.

— Tu vas t'user la peau, lui dis-je.

— Bien sûr, laver longtemps et devenir blanc aussi, puisque blanc noicir les blancs, peut aussi blanchir bougnouls.

Par quelle suite d'absurdes raisonnements son esprit simple en était-il venu à cette déduction fantastique? c'est ce que je dus renoncer à établir. Mais ce que je ne devais pas ignorer longtemps, c'est pourquoi Mahmadou ne voulait plus être nègre.

Dans une des promenades que je lui laissais faire seul autour de ma maison, Mahmadou avait été accosté par une des péripatéticiennes du quartier, et l'avait suivie. Celle-ci lui ayant tout d'abord demandé de l'argent, il n'avait pas bien compris, et s'était de suite imaginé que c'était à cause de sa couleur qu'en France on lui tarifiait ses faveurs.

De là sa hâte à devenir blanc et l'enchaînement de réflexions qui l'avaient conduit à la propreté à outrance.

Ayant échoué dans sa tentative, l'amoureux Mahmadou eut recours à moi et c'est le plus sérieusement du monde qu'il me demanda à l'accompagner au marché aux femmes, — il appelait ainsi le terre-plein du boulevard de

Clichy, — pour lui faciliter cette transaction commerciale.

Après avoir essayé de faire entendre à mon noir que je ne saurais assumer ces fonctions d'intermédiaire officieux, je sens qu'il y a entre lui et moi une gêne qui naît, et que le joug de mon autorité, toute morale, commence à lui peser. A dater de ce moment, Mahmadou n'a plus en moi l'aveugle confiance qui l'a amené sur la terre de France. Mahmadou s'ennuie.

Ne pouvant jouir de toutes les satisfactions que notre pays offre à l'étranger, et cela à cause d'un écart énorme de civilisation entre cet enfant de la brousse et nos mœurs décadentes, le pauvre nègre se laisse peu à peu envahir par le mal terrible entre tous : la nostalgie.

Au spleen vient encore s'ajouter le désir de connaître plus avant la vie nouvelle qu'on lui a faite, et les deux passions se heurtent avec une égale force dans l'âme du malheureux, qui se débat entre la reconnaissance qu'il me doit et l'invincible attrait du soleil et de la vie en plein air qu'il a quittés.

Dans l'étroit réduit que j'ai dû lui assigner,

Mahmadou étouffe, d'autant que je le mets à même d'entrevoir des paradis où il n'a pas le pouvoir d'entrer; et voici qu'il se souvient de la brousse immense où l'on va devant soi, au gré de sa fantaisie ou de ses besoins, tandis que Paris n'est plus maintenant qu'une prison dont il a l'impérieux désir de s'évader.

Désorienté, il se désintéresse de tout ce qui l'entoure, et les chevaux de bois même de la fête de Montmartre, dont la musique le faisait danser au balcon, devant les passants amassés, ne parviennent pas à dissiper sa mélancolie. Une seule fois, il se laisse emmener au Jardin des Plantes, et encore parce qu'il est invité par une personne étrangère. Mais les fauves en cage ne peuvent que lui rappeler la patrie lointaine, et, mal à l'aise dans son étroite chambre, il ne songe plus qu'à s'enfuir, d'autant que ceux qui l'approchent semblent prendre plaisir à exaspérer ses regrets, par l'évocation continuelle de son pays, sans vouloir tenir compte de mes avertissements, et même de mes prières.

Le matin du dixième jour de notre arrivée à Paris, je vois Mahmadou descendre l'escalier, tenant à la main un petit paquet de linge.

— Où vas-tu !

— Moi partir ?

— Où ça partir ?

— Moi retourner Sénégal.

— Alors, tu ne veux plus rester avec moi, bien que tu m'aies promis de m'accompagner en France jusqu'à mon prochain voyage ?

— Non, partir tout de suite.

— C'est bien. Alors, viens avec moi.

— Où ?

— Je vais te mener à quelqu'un qui va te faire reconduire à Saint-Louis.

Et en même temps je hèle un cocher pour confier Mahmadou, nègre émancipé en vertu de la proclamation des Droits de l'Homme, au commissariat de police du quartier, où je me débarrasserai de cet électeur sénégalais par une déclaration en règle.

Mais l'instinct de l'animal pris en faute reprend le dessus, et Mahmadou essaie de m'échapper. Je le rejoins avec peine, et, voulant au moins le droit de mon côté, à défaut de la raison, je prie un agent de nous escorter pour cette formalité platonique mais indispensable à ma sécurité. C'est alors que la bête fauve qui dort au fond de tout nègre civilisé reparut et que je vis Mahmadou s'avancer vers moi, les yeux injectés et la face grise de colère et de menace. Le calme m'abandonna à ce moment, et, pour la première fois, je me laissai aller à un mouvement d'impatience, sous forme d'une bonne taloche. Dompté soudain par cette manifestation, Mahmadou courbe l'échine, et cette attitude soumise lui vaut la sympathie de la galerie qui s'est peu à peu formée autour de nous. Je suis quelque peu houspillé par la foule ignorante, et le noir, qui sent autour de lui une pitié irraisonnée, se reprend et de nouveau se rebellionne. On doit employer la force pour le conduire au magistrat devant lequel il avoue que c'est de sa propre volonté qu'il quitte mon service, et que, jusqu'à ce jour, il n'a eu qu'à se louer de mes procédés.

Puis, sur une verte semonce du commissaire, il éclate soudain en sanglots et me demande pardon.

Croyant l'incident terminé, je descends avec lui ; mais à peine a-t-il remis le pied dans la rue qu'il se sauve à toutes jambes. Je me garde bien de courir après lui, laissant à ceux qui lui ont tourné la tête le soin de s'occuper de lui. Je me contente d'informer les autorités de l'incident Mahmadou, voulant dégager une fois pour toute ma responsabilité à l'égard de cet inconscient, pour lequel j'ai fait le sacrifice d'une partie de ma liberté, sans parler des obligations pécuniaires qu'il m'a créées.

Aussi ma surprise est-elle complète, lorsque je reçois une convocation d'avoir à me présenter au commissariat : « Affaire Mahmadou ».

Il serait trop long de raconter dans tous ses détails le conflit qui suivit, la menace des tribunaux correctionnels dont je fus l'objet pour coups et blessures, tandis qu'on cherchait à décider Mahmadou à porter plainte contre moi, l'intervention d'un avocat général fort connu que je dus remettre dans son rôle. Si tous les gens qui se sont mêlés de cette affaire, au nom des immortels principes, allaient passer seulement huit jours au milieu de ces grands enfants sans raison, je leur souhaiterais d'avoir la même patience, la même affabilité, et d'en revenir aussi aimés que je le fus moi-même.

Bref, je demandai le rapatriement de Mahmadou, en ajoutant encore une somme d'argent pour ses frais de route, et je me contentai de faire observer au sympathique commissaire que je craignais fort que Mahmadou ne revînt un jour lui faire visite.

Mahmadou, embarqué, arriva à Dakar, mais durant les sept jours de traversée il avait eu le temps de longuement réfléchir, et il s'était demandé s'il n'avait pas fait une bêtise en quittant si brusquement ce Paris dont il ne connaissait que peu de chose en somme. Et cela pour reprendre le boubou national, et le barda de boy à la solde d'un officier quelquefois peu commode. Aussi chercha-t-il le moyen de réparer son erreur, si bien que deux mois après je recevais une lettre de Mahmadou, datée de Lisbonne, dans laquelle il m'apprenait son retour et me redemandait ma protection.

A Dakar, pour ne point débarquer, Mahmadou, engagé comme chauffeur à bord du paquebot qui le transportait, avait continué le voyage et effectué le retour par le même moyen, avec une hâte nouvelle de se retrouver à Paris. A mon tour, j'allai réclamer la protection de l'autorité, et, cette fois, les rieurs furent de mon côté.

Mahmadou se plaça pourtant chez un commerçant de mon quartier, où de loin en loin je le rencontrai, sans d'ailleurs lui tenir rigueur de sa conduite, jusqu'au jour où, redevenu amoureux, il dut être expulsé *manu militari* par le notable philanthrope.

Qu'est-il devenu depuis? J'ai appris vaguement qu'il voyageait comme groom d'une demi-mondaine dont la perversité lui ouvrit peut-être les portes de l'*Engadé*, le paradis de Mahomet aux séduisantes houris.

Mais, instruit par une coûteuse expérience, je n'ai pas cherché à le revoir. Il sera toujours temps pour moi de lui acheter un jour du nougat à la porte du Moulin-Rouge.

Je dus cependant conclure qu'on ne civilise pas plus un nègre adulte qu'on ne dresse un animal quelconque dans la force de l'âge, et qu'on ne saurait acclimater nul produit de la terre soudanaise quand déjà les racines ont bu la sève du sol natal!

LE MASSACRE

DE LA MISSION BRAULOT

XXVII

LE MASSACRE DE LA MISSION BRAULOT

A Édouard Norès.

Au mois de décembre 1896, je me trouvais à Kayes, à mon retour du Konkadougou, et prêt à repartir vers les États de Samory, où deux ans de pourparlers m'avaient préparé les voies et assuré les plus grandes chances de succès, lorsqu'arriva le gouverneur général, M. Chaudié. En même temps que lui montait au Soudan le capitaine Braulot, officier distingué, qui, ayant échoué dans sa mission par la Côte d'Ivoire, et n'ayant pu joindre Samory, qu'avait effarouché une escorte de tirailleurs, venait reprendre sa place dans la colonie, après un court séjour en France.

Les décisions du gouverneur m'arrêtèrent net, cependant que le capitaine Braulot préparait son départ vers l'intérieur, chargé d'une mission armée chez notre allié Ba-Bemba, fama de Sikasso, dont précisément les compromissions avec Samory nous avaient donné quelque sujet de mécontentement.

Je n'avais pas besoin de plus amples renseignements pour être immédiatement convaincu que ce voyage à Sikasso n'était que le début d'une nouvelle mission chez l'Almamy, et dans ces conditions je n'avais plus qu'à rentrer en France.

Toutefois, je dis à haute voix mon peu de confiance dans une nouvelle tentative entreprise dans ces conditions, et j'ai prédit, à quelques jours près, la destruction de la colonne. Le 17 décembre, lorsque le train de Bafoulabé siffla sur le quai de la gare, je regardai une dernière fois le malheureux Braulot avec la conviction intime qu'il ne reviendrait pas.

Rentré en France, j'apprenais quelques mois plus tard le massacre de la mission, et voici qu'aujourd'hui, je reçois, de mon ancien interprète, une longue relation de ce désastre qui ne fait que confirmer, ce que j'ai écrit tant de fois, le danger qu'il y a à s'aventurer au loin avec des tirailleurs indigènes.

En 1895, le capitaine Braulot avait vu ses interprètes, Ahmad-Sour et Koulbary, évincés, après que Samory l'eut interrogé, sur les bords du Mango :

— Je veux bien recevoir le capitaine, dit l'Almamy, mais avec qui est-il venu vers moi ?

Et quand Ahmad-Sour eut répondu que Braulot avait avec lui deux officiers et une trentaine de tirailleurs, Samory se refusa absolument à vouloir entrer en relations avec la France. Il avait, en effet, raison, puisqu'on faisait le contraire de ce qu'avait promis M. Nebout qui, le premier, en 1894, avait tenté un rapprochement avec le souverain noir, en lui affirmant que le messager viendrait, comme Binger, en ami et en conciliateur.

Le chef de la mission aurait dû retenir ce détail et se douter qu'une seconde tentative, faite précisément d'un autre côté, n'aurait pas plus de chance ; et lorsque le fils de Samory,

Saran-Kéni-Mory, vint à sa rencontre après Sambatiguila, sur la route de Kong, Braulot eût dû, ce qui était la logique même, s'attendre au guet-apens.

Or, voici les faits tels qu'ils se sont passés. Dans les derniers jours d'avril, — c'est du moins la date que me donne mon correspondant — Saran-Kéni-Mory rejoignait la colonne qui venait de quitter Odjenné et, par des protestations d'amitié, décidait le commandant de l'expédition à l'accepter comme guide pour le conduire à Samory, campé sur les bords du Bagoë. Le chef noir était accompagné de six cents sofas environ, et, à l'aventure, Braulot s'en remit à la discrétion de cette escorte royale, sans contrôle, sans éclaireurs, laissant le guide du lieutenant de Samory conduire sa propre colonne. Il continuait ainsi le système de Flatters, amené de la même façon au puits de Bir-El-Gharama, et de Bonnier, traîné jusqu'à l'abattoir de Tacoubao.

Le ravitaillement du convoi devint, dans un pays appauvri, de jour en jour plus difficile, et les longues étapes sans eau, faciles à l'endurance des sofas, affaiblissaient progressivement nos tirailleurs. Pendant que sa troupe s'épuisait, Braulot, dont l'aveugle confiance excitait la marche en avant, et encouragé par la conviction toute soudanaise de son second, le lieutenant Bunas, forçait encore la marche vers Kong, tel Bonnier vers Goundam, et n'avait plus, au bout de quelques jours, qu'une colonne anéantie de fatigue, de soif et de faim, à la merci de la première troupe d'aventuriers venue.

C'était le moment attendu par le rusé fils de Samory. Un matin, à l'aube, alors que nos tirailleurs faisaient leur salam le long du sentier tortueux de Doumbala, des coups de feu retentissaient à l'avant de la colonne. L'escorte samorienne de Braulot le tuait à bout portant, assis, la pipe aux dents, sur une de ses cantines. Bunas tombait en même temps frappé de plusieurs balles et, affolés de ces coups de feu, les tirailleurs, que terrorisait depuis quelques jours le voisinage amical de l'ennemi invétéré, ne sachant à quel nombre d'adversaires ils avaient affaire, essayaient en vain de fuir à travers la brousse. Et c'est alors qu'ils tombèrent l'un après l'autre sous les sabres des Malinkés, sans même songer, quoi qu'on en ait dit, à cause de leur lassitude et de leur terreur, à faire usage de leurs armes.

C'est à peine si un de leurs sergents put en grouper quelques-uns autour de lui et les ramener vers Bougouni, au hasard d'une brousse inconnue.

Il appert clairement de ce fait qu'une fois de plus, un officier aventureux, mais irréfléchi, a payé de sa vie la faute de n'avoir pas préparé une mission qui pouvait être pacifique et de n'avoir pas voulu, lui non plus, croire à la certitude d'un échec dont je vais, en un dernier mot, donner la raison.

Lorsque, nous autres blancs, nous arrivons sur la terre d'Afrique avec nos armes perfectionnées, nos costumes compliqués, nos appareils photographiques, voire nos bicyclettes, nous passons, à l'égard de l'aborigène qui nous ignore, pour des êtres supérieurs. Nous n'avons qu'à partir dans la brousse, et tout s'incline devant nous, comme devant Livingstone, Stanley, Binger, Monteil, et moi-même, lorsqu'à deux cents mètres nous tuons une gazelle ou photographions une maison.

Mais, dès l'instant que nous prenons, « pour nous aider et nous défendre, » des noirs que nous armons de nos armes, les autres ne comprennent plus notre supériorité de civilisation et au lieu de les élever vers nous, nous nous abaissons jusqu'à eux. C'est ainsi que l'audace leur vient de nous combattre et c'est ainsi que nous nous trouvons continuellement en lutte avec les uns ou avec les autres. Ajoutons à cela que nos voisins les Anglais savent merveilleusement exploiter notre défaut de confiance, en fournissant, hier à Ahmadou et à Béhanzin, aujourd'hui à Samory, demain aux Touaregs, des armes et des conseils, et voilà tout le secret de notre perpétuel état de siège dans la Boucle du Niger, depuis la captivité de Galliéni jusqu'à l'assassinat de Braulot, en passant, hélas! par tant d'autres!

Tant que le ministre des colonies ne voudra pas comprendre que les noirs veulent être pacifiés et non soumis par la force, nous augmenterons chaque année le martyrologe soudanais. Allez seul au Soudan, vous passerez partout. Emmenez des soldats noirs, vous aurez quand même le conflit de races que vous deviez éviter. J'en appelle à tous ceux qui, comme moi, ont traversé le Soudan, pendant trois mille kilomètres, les mains dans les poches.

FIN

TABLE DES MATIÈRES

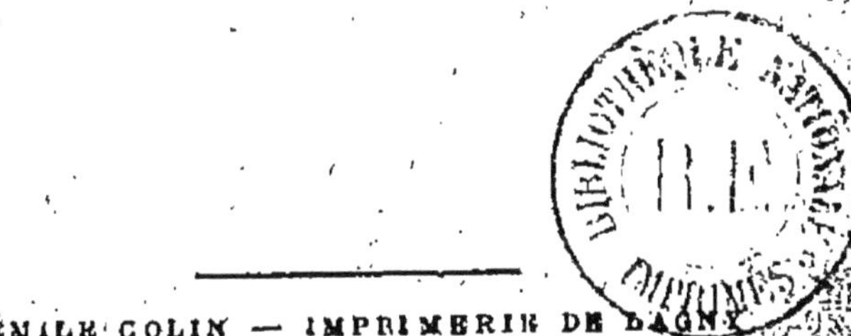

ÉMILE COLIN — IMPRIMERIE DE LAGNY

30933. — Imprimerie LAHURE, rue de Fleurus, 9, à Paris.

www.ingramcontent.com/pod-product-compliance
Ingram Content Group UK Ltd.
Pitfield, Milton Keynes, MK11 3LW, UK
UKHW021855190726
13855UKWH00001B/335

9 782013 425773